親子アスペルガー

ちょっと脳のタイプが違います

兼田絢未 Ayami Kaneta

合同出版

読者のみなさまへ

私は、37歳の時に、長男は5歳、次男は4歳で、アスペルガー症候群と診断されました。アスペルガー症候群は自閉症スペクトラム障害の中で言葉や知的発達の遅れがないタイプとされています。

障害は個人によりいろいろな形で現れます。この本に書かれていることは私たち親子の出来事で、すべてのアスペルガー症候群の人にあてはまる訳ではありません。この障害を知るヒントになればと思います。

自閉症スペクトラム[*1]は100人に1人から2人くらいの少数派の脳タイプだそうです。どうか、私たち少数派[*2]のことを知ってください。そして多数派のみなさんのことも教えてください。多数派と少数派がお互いを否定しない歩み寄り、そんな相互理解が進むように願いを込めて。

兼田《かねた》 絢未《あやみ》

---

*1 自閉症スペクトラム：社会性・コミュニケーション・想像力の3領域に障害のある自閉症を中核とし、重度の知的障害を伴う例から知的な遅れのない例までをスペクトラム（連続体）として捉えたもの。

*2 少数派：自閉症スペクトラムの人を「少数派」そうでない人を「多数派」と呼ぶ。英国の自閉症スペクトラムの人たちが主張しはじめ、多くの専門家の賛同を得て広まった。

もくじ

③

こだわりのある生活です

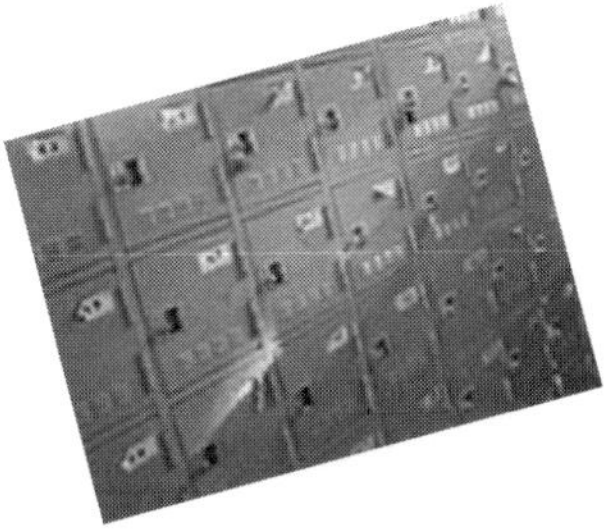

4

私たちは脳のタイプが違うんです

5

私たちのことを知ってください

6 ゆっくりいこう

装幀＝守谷義明＋六月舎
組版＝ Shima.
イラスト＝兼田絢未＋子どもたち

プロローグ
私の子ども時代

学校がこわい

小学校に入学するのがとてもこわかったのです。小学生になるという期待感がまったくありませんでした。30年以上経った今でも、とにかく学校はこわい、こわかったという印象しか残っていません。何かにつけて「どうしよう、どうしよう」とオドオドしていなければならない不安がいっぱいの場所でした。

教室の扉を開いた時に、
だれが来ているのかわからない。
だれにあいさつをすればいいのかわからない。
「オハヨウ」のタイミングがわからない。
先生が来るまで、何をして過ごしたらいいのかわからない。
休憩時間に「外で遊びなさい」と校庭に出されても、だれと何をして遊んだらいいのか

わからない。

だれかが誘ってくれたら遊びの中に入れるけど、自分から誘ったり仲間に入れてもらったりする方法がわからない。

本当に、何もかもわからないことばかりでした。「オハヨウ」とあいさつするだけでも、大変な勇気が必要でした。いつも戸惑い、不安になり、ドキドキしていました。私は、友だちと遊ぶ時でさえ、一生懸命にがんばらなければなりませんでした。

クラスメイトの名前を覚えるのにも苦労しました。やっと全員の名前を覚えて、慣れた頃にクラス替えですべてご破算です。次の年にはまたおなじ苦労をしなければなりませんでした。

「学校生活の楽しい思い出はなんですか?」と聞かれても、楽しかったことを思い出せません。「どんな行事がありましたか?」と聞かれれば、遠足とか運動会とかコーラス大会と答えることができますが、「それが楽しかったですか?」と聞かれると「わからない」とか「つらかった」としか答えられません。

また、私は「いい子でいなければいけない」という思い込みが強く、先生に叱られることがとくにこわかったのです。とにかく叱られないように「いい子」になろうとしていました。

でも、どんなにがんばっても叱られることがありました。先生に叱られた後に、私はどうしたらいいのかわからなくなるのです。今から思うと、なぜ叱られたのかわかっていなかったのかもしれません。親や先生から叱られると、自分の存在をすべて否定されたように感じました。

小学校1年生のころに「学校に行ってきます」と家を出て、空き地の土管の中で過ごしたことがあります。すぐに「学校に来ていない」と親に連絡が入り、父親にひどくたたかれました。学校を休めば叱られる、学校にいてもつらい、私にはどこにもホッとする場所がなかったのです。

運動神経のない私

体を動かすことが不器用で、体育はまったくできませんでした。逆上がりもできない、とび箱もとべない、なわとびもできない、うんていはぶら下がったままで前に進めない、平均台からは落ちる、リズムに合わせて踊るのもワンテンポ遅れる、ボール遊びはボールを取れないし投げても飛ばない、走るのも遅い、水泳も息つぎをしたら沈むという、何を

やってもダメな運動オンチでした。

「運動神経が鈍いのではなく、運動神経がないのだ！」とバカにされていました。

でも、どんなにがんばりたくても、体が思うように動きませんでした。体の動かし方がわかりませんでした。

音楽の時間の歌も苦労しました。歌うというのは、ピアノの伴奏を聞きながら、それにリズムと声の高さを合わせて歌詞を乗せなければなりません。私にはそれがうまくできませんでした。大人になってから、おなじ曲を１００回くらい歌い続ければ何とか歌えることに気づきましたが、音楽の授業ではつぎつぎに曲が変わっていくので、毎回うまく歌えないままで終わりました。

私にとって、体育や音楽などの実技の授業は、出来の悪さをみんなの前でさらさなければならないつらい時間でした。クスクスと笑い声が聞こえたりすると、本当に消えてしまいたいくらいでした。

授業中は、板書をノートに書き写すのに苦労しました。先生の話を聞いていたら手が動かないし、書くことに集中していると先生の声が聞こえない、聞こえていても理解できない状態で、どれかひとつしかできないのです。

呼ばれても返事ができない

私は、好きな本やマンガを読んでいる時、テレビを見ている時、空想の世界にはまり込んでいる時、親から名前を呼ばれても、すぐに返事ができない子どもでした。親の声は音として聞こえても、自分を呼ぶ声と聞こえなかったのかもしれません。呼ばれていると気づいたら、とりあえず返事をするだけでもよかったのに、それができませんでした。

呼ばれただけで腹を立て、ドンドンと床を踏み鳴らし「何？　何の用事？」とケンカ腰で、親のところに行きました。呼んでも呼んでも返事をせずに、やっと来たかと思えば悪態をつくのですから、親もカッとなります。

「1回で返事をしろ、何をそんなに腹を立てるのか」と、親子バトルが始まり、どうにも手のつけられない状態になるのでした。

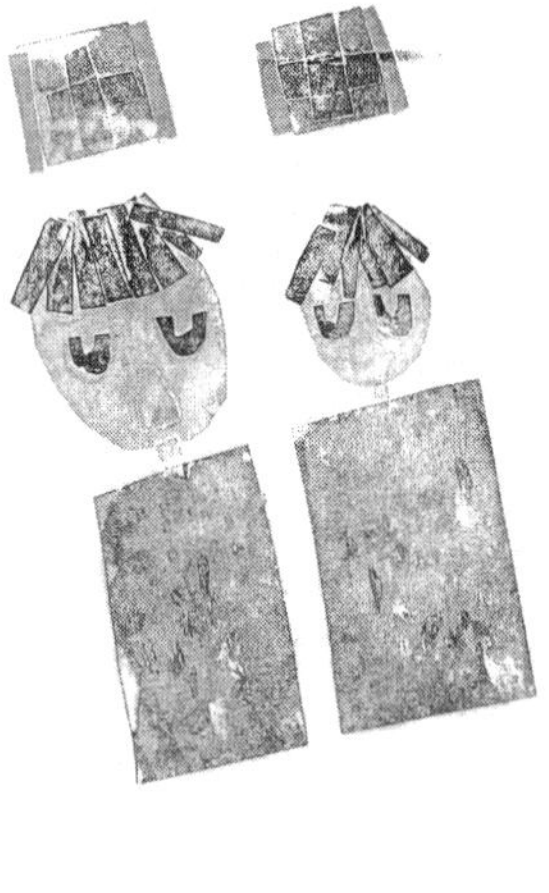

アンバランスな記憶力

自分が興味のあることには、ものすごい記憶力があるのに、ささいなことや何でもないことがまったく覚えられないとか、ポッカリ記憶が抜けてしまうことがありました。

通っていた小学校は児童数2000人を超えるマンモス校で、児童用の昇降口が4カ所ありました。連休や夏休み明けなどには、靴箱のある昇降口がわからなくなったり、教室の自分の席がわからないということもありました。記憶が抜け落ちて思い出せず、心の中は大パニックなのにシクシク泣くばかりでした。

同時に2つ3つの指示を出されると、それの全部を覚えられません。

5年生の時、先生からゴミ袋（スーパーの袋）を持ってくるように言われ、次の日、ゴミ袋を先生の机に提出しました。ちゃんと忘れずに持って来られたと思ってうれしかったのですが、「先生の机はゴミ箱じゃない！」とどなられました。私は、何が何だか訳がわからず泣いてしまいました。たぶん、ゴミ袋を提出する場所が決めてあって、先生はその場所も指示されていたのだと思います。しかし、私は「ゴミ袋を学校に持って行く」ことしか頭に残っていなかったのです。

見えすぎる、聞こえすぎる、敏感すぎる

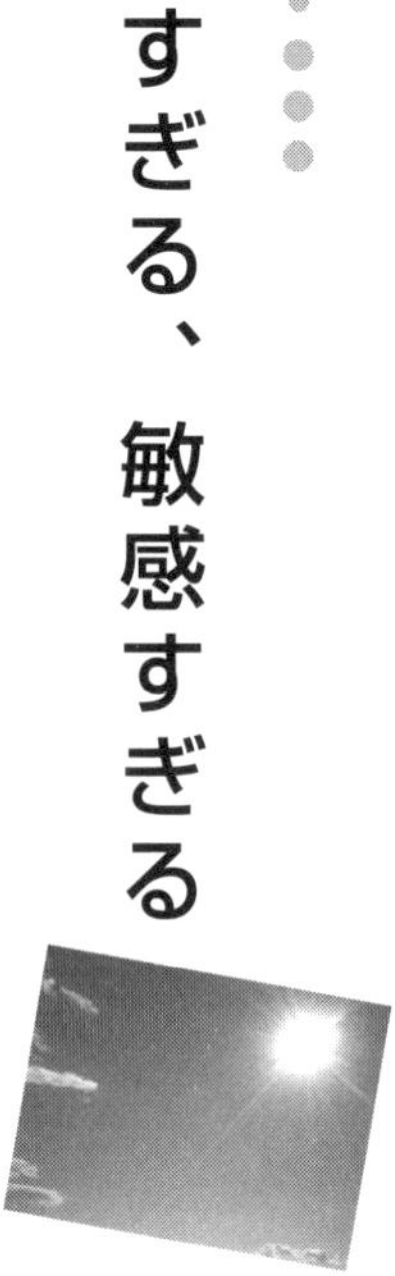

文字を見ると何でも読んでしまいます。授業中でも、教室の中の掲示物を隅から隅まですべて読んでしまうし、教科書もどんどん読みすすめたくなり、ページをめくるのを我慢するのが大変でした。今でも街中の看板をいちいち読んでしまいます。

ところが、目を左右に動かす運動が苦手なのか、視覚に問題があるのかよくわかりませんが、横書きの本を読むと車酔いのように気分が悪くなり、教科書以外の横書きの本はまったく読みませんでした。

私は、子どもの頃からキラキラ光るものが大好きでした。天気のいい日、ゆっくりと教室を舞うホコリにお日さまの光が反射して、その美しさに見とれてしまうことがありました。デパートの吹き抜けにつり下げられたシャンデリアを見上げるのが大好きでした。だれと行ったのか、何を買ってもらったのか、そんなことはまったく思い出せないのに、あのキラキラは今でもハッキリ思い浮かべることができます。ビーズのストラップにいろんな角度から光を当て、キラキラと反射する光を見ると気持ちが落ち着きます。

また、ザワザワと人の話し声がする場所で、相手の声だけを聞き取ることが苦手です。

ザワザワに相手の声がかき消されてしまうので、すごく神経を集中させなければなりません。それから、みなさんには聞こえない蛍光灯のピーンという音や電気製品の小さな作動音が聞こえ、耳障りでつらい時が、今でもあります。

味覚や嗅覚も、変わっていました。おなじメーカーのレトルトカレーしか食べられなくて、別のものは「臭い、味がイヤだ」と言って食べませんでした。炊飯ジャーで保温したご飯も、「臭い」とイヤがっていました。生卵やトロリとした半熟卵も食べられず、牛乳の後味が気持ち悪いと飲みませんでした。

好き嫌いがひどく、「わがまま」「ぜいたく」とよく叱られました。でも、それは私の味覚や嗅覚が過敏だったせいで、その刺激に耐えられなかったのです。

最近まで、臭くてえぐい味の物を、まわりの人は我慢しながら「おいしいね」と言って食べているのだとばかり思っていました。

多くの人は、視覚や聴覚、味覚や臭覚、触覚などへの余分な刺激を適度にカットできるそうですが、私はうまくカットできないようで、見えすぎる、聞こえすぎる、味や臭いに敏感すぎるのです。

体がムズムズする

子どものころは、体の内側からかゆい、かきむしりたいようなムズムズした感覚が度々ありました。その感覚はどう言葉にしていいのかわかりません。その状態になると何かに集中することが難しくなり、鉛筆を持って文字を書くこと、授業中に席に座っていることすらつらかったのです。それを我慢するために無意識に自分の足を、もう片方の足でギューッと踏んでいました。

ある日、「なんで私の上履きはまっ黒なのだろう？」と疑問に感じ、自分が足を踏んでいることに気づきました。それをやめようとすると、今度は手の甲や指をかんだり、ツメを立ててつねったりするようになりました。手の指を思い切り反対にそらせて痛くすることもありました。体の中がムズムズしてたまらないのを我慢するために、無意識に体のどこかに痛みを加えていました。

でも、ムズムズは日常的に起きていたので、私にとってはあたりまえのことで、それをだれかに「苦しい」とか「つらい」とか、訴えることはありませんでした。

ナントカ！

「どうして、宿題をやらないの！」

「なんで、そんなことをしたの！」

こんな言い方をされると
「どうして、宿題をやらないの？」

「なんで、そんなことをしたの？」

と、その理由を質問されていると受け取り、一生懸命に理由を説明していました。そして「言い訳するんじゃない」と叱られていました。質問に答えると、言い訳するなと叱られるので、何が何だかわかりません。もうお手上げです。頭の中は大混乱で私は黙り込むしかありませんでした。

黙り込むと今度は「黙ってないで、何とか言いなさい」と責められます。でも、「ナントカイウ」の意味がわかりませんでした。

相手が怒っている時の「どうして？」「なんで？」に対して、正直に理由を答えてはいけなかったのです。

大人たちの言葉は、たしかに日本語なのだけれど、私にはさっぱり理解できていなかったのです。

その混乱は大人に対する怒りや不満になりました。

ある時、「何とか言え」と何度も責められ、

「ナントカ！」

と叫んでしまいました。何か言い返したいのだけど、ほかの言葉が浮かばなかったのです。

もちろん「人をなめるんじゃない」とさらに叱られ、後はいつものように黙り込むだけでした。「どんなに言い聞かせても言い訳ばかりして反省しない」「都合が悪くなると黙り込む」、強情な子どもだと思われていたことでしょう。

変えられない

4歳の頃、母親に好きなお菓子を買っていいと言われ、私は「これにする」とチョコボールを選びました。つぎの瞬間、弟の選んだマーブルチョコを見て「あ〜、マーブルチョコの方がよかった!!」と思ったのです。でも「やっぱり、マーブルチョコにする」と言えま

せん。チョコボールにすると言ってしまった私には、どうしても言えなかったのです。

本当はマーブルチョコがよかったのに……。

私は自分で選んだチョコボールで、がまんしなければなりませんでした。モヤモヤした思いでチョコボールを食べつくした私は、弟のマーブルチョコを奪って食べてしまい、母親からひどく叱られました。

母親にしてみれば、好きなお菓子を自分で選ばせてやったのに喜びもせず、不機嫌になって、挙げ句の果てには弟のお菓子まで奪い取るなんて、こんなわがままを許してはいけないと必死だったと思います。

自分の意見を変えられない特性のために「私もマーブルチョコ」と言えずに我慢していたのです。たった4歳の子どもが自縄自縛で苦しんでいるなんて、いったいだれに想像できるでしょうか。

小学生の頃に流行っていた刑事ドラマで、拳銃を持ったまま「撃つぞ！」と言って決して撃たない犯人や、ビルの屋上で「飛び降りるから！」と言って飛び降りない自殺未遂の人が、私には理解できませんでした。

私なら「撃つぞ！」と言ってしまったら必ず撃つし、「飛び降りる！」と言ってしまったら、死にたくないと思ってもやっぱり飛び降りてしまいます。

「テレビだから、ドラマだから、簡単にやめられるんだ。本当は簡単にやめられないんだから、はじめからこんなことをしてはいけないんだ。こんなことをしてはいけないよって、そういう意味で放送しているんだ」

そう納得していました。

うっかり「これにする」と言ったら、変えられない。うっかり「イヤだ」と言ったら、とにかく「イヤだ」しか言えない。とにかく言葉にして意思表示してしまったら、それは魔法の呪文のように私を縛りつけて、私自身を苦しめていたのです。

状況に応じて自分の主張を変える人たちは、大変な努力をしていると思って感心していました。意見を変えることにあまり抵抗がない人がいる、とは知らなかったのです。

1

ずっと知らなかった私の特徴

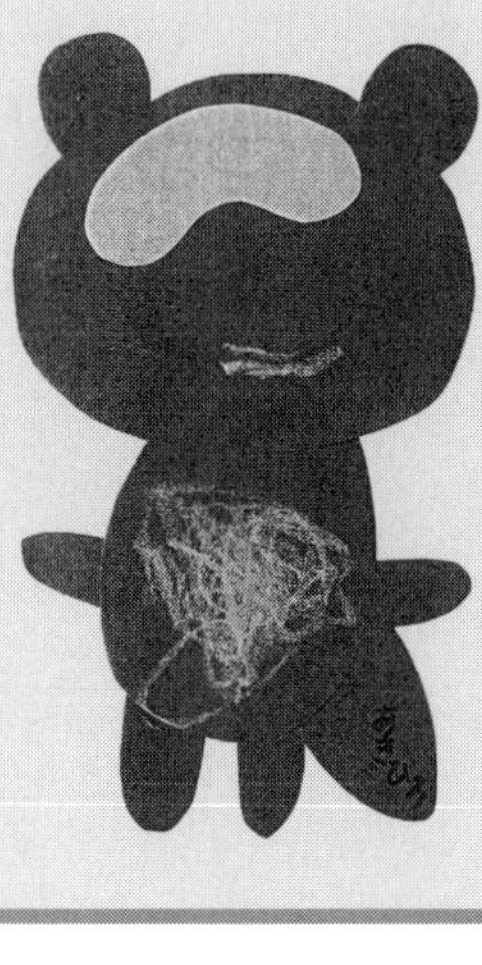

どうして何をやってもダメなの？

「どんなに努力をしてもうまくいかない」

37歳の誕生日を過ぎた頃、家事・育児・仕事と、なにもかもひとりで背負っていた私は、すべてに行きづまり、そんな虚しさが私のすべてになっていました。

不器用で何をやってもダメな自分がきらいでした。優しいお母さんになりたくても子どもに手をあげてしまう、仕事も上手くいかず、人間関係のトラブルも絶えませんでした。

世の中は納得いかないことばかりで、心の中は怒りと不安と焦りばかりで、安らぐ時がありませんでした。とても疲れやすく、栄養剤やドリンク剤で疲労感をごまかしていました。

そんな自分を変えたい、もっと心穏やかになりたい、元気な体になりたいと、自己啓発本や人間関係をよくする本、話し方、家事育児、料理、裁縫のマニュアル本、自己催眠や健康食品などの紹介本など、いろいろな本を読み、すべて試しましたが、どうしてもうまくいきません。

「うまくいかないのは、私の性格が悪いから？」

「まだ努力が足りないから？」

「私に根性がないから？」

自分を責めることしかできませんでした。

そんな時、偶然、小児科の待合室にあったパンフレットで「発達障害」のことを知りました。そこに書かれていた内容が私と5歳だった長男にピッタリあてはまったのです。

「もし、そうだとしても、私はここまで何とか生きてきたからいい、子どもには将来があるのだから何とかしてやりたい」

小児科の先生に相談をし、地域の療育センター[*1]を紹介してもらいましたが、取れた予約は2カ月先でした。その間に、私の精神状態がひどく不安定になりました。無気力になり、何でもないことで涙が出て止まらなくなりました。「また、こんな風になってしまった、私はなんてダメな人間だろう」とさらに落ち込んでいましたが、知人から「うつじゃないの？　医者にかかった方がいい」と受診を勧められました。

地元の精神保健センター[*2]から、成人の発達障害を診察してくれる精神科の病院を紹介してもらいました。医師からは「とくに検査をする必要のないくらい軽度の発達障害でしょう」と言われましたが、私はどうしてもハッキリさせたい、と言い張ったのです。

検査の予約をして、不安定な気持ちを落ち着かせるための薬をもらいましたが、1週間も経たないうちに「こんな薬を飲まなきゃいけない私は生きる価値がない」と思うようになりました。

長男を療育センターへ連れていく気力もなくなり、診察予約をキャンセルしました。本当に何もできないような状態で、とにかく自殺だけはしてはいけない、と自分に言い聞かせながら何とか生きていました。

その後、いくつかの検査を2回に分けて受け、「ひどい抑うつ状態で、発達障害がある」と告げられました。「発達障害」という言葉に、「アスペルガー症候群？　ＡＤＨＤ？[*3]　ＬＤ？[*4]　どの発達障害なの？」と、私は混乱してしまいました。つぎの診察時にそのことを尋ねると、先生は、「アスペルガーです」と教えてくれました。

診断でその後の人生がバラ色になる訳ではありませんが、子ども時代から抱えていた「生きづらさ」の原因がわかって少しホッとした気分になったのです。

[*1] 療育センター：障害やその心配のある子どもを対象に治療や相談をおこなう自治体の専門機関。

[*2] 精神保健センター：各都道府県ほぼ1カ所ずつ設置されている精神保健福祉に関する相談機関。

[*3] ＡＤＨＤ：注意欠陥多動性障害。不注意・多動性・衝動性を特徴とする行動の障害で発達障害の一つとされている。中枢神経系に何らかの機能不全があると考えられている。

[*4] ＬＤ：学習障害。知的発達に遅れはないが、聞く・話す・読む・書く・計算する・推論するなどのうち特定の領域に著しい困難を示す発達障害の一つ。

長男の診断

精神科の病院に通い始めた私は、いくらか落ち着きを取り戻し、キャンセルしたままになっていた長男の診察予約を取り直しました。

赤ちゃんの頃の長男は、神経質で小さな音でもすぐに目をさまし、泣いてばかりでした。何をどうやっても泣きやまない子で、私まで一緒に泣いてしまうことがありました。人見知りがひどく私から離れると、ひどく泣きわめいていました。体がクニャクニャしていて、お座りをさせると後ろにドーンと倒れ、とにかく目が離せない手のかかる子どもでした。

いつまで経っても、私から離れられない状態で、保育園にも慣れることがありませんでした。年齢が上がるにつれて、登園しぶりはどんどんひどくなり、何とか保育園まで行っても、門の前から逆方向に走って逃げたり、門にしがみついて離れなかったりしました。

5歳になって年中クラスになると、家庭で弟や私に暴力をふるったり、物を壊したりして暴れるようになりました。長男から、殴られたり、蹴られたり、噛みつかれたり、引っかかれたり、つばをかけられたり、私は青あざや傷だらけでした。

たたき返したら同じことのくり返しになる、そう言い聞かせて長男に接していました。

私自身の特徴と子どもの特徴がぶつかり合って、とても混乱していた時期です。

療育センターの医師に長男を診てもらった時、「私もアスペルガーの診断を受けています。この子がアスペルガーならそれでもいいですから、この子に合った育て方を教えてください」とお願いしました。

私のような申し出をする保護者はめったにいないらしく、医師は、あ然とした表情で、「アスペルガー症候群でしょう。日をあらためて発達検査をします。得手不得手を把握してあげないと、この子に合った対応ができないからね」と言ってから、療育相談の担当者を呼び、私と長男に紹介してくれました。

一般的には、初診でこのような展開になることはないそうです。後日、発達検査を受けましたが、すでに出ていたアスペルガー症候群の診断をくつがえす結果にはなりませんでした。

長男が診断を受けてからは、朝の準備やその日にやることを絵にしたスケジュール表を作りました。すると、ひとつ下の次男の方がその順番通りでないといけない、とこだわり始めました。次男にも、保育園への道順にこだわったり、言葉をひどく限定的にとらえて言い直しを求めたりという、特徴的な行動があることに気づきました。

次男の診断

次男も0歳から保育園に通っていましたが、長男とは正反対で、まったく人見知りせず、先生にもすぐになついていました。長男の人見知りに、ほとほと手を焼いていたので、次男がとてもいい子に思えたものでした。2歳児クラスの時、先生から言うこと聞かないと指摘を受けました。家庭ではどう接しているのかと聞かれ、「イヤなら、やらなくてもいいよ、と言うと、やっぱりやる、と寄って来る」と伝えました。

その後、先生から問題行動を指摘されることはありませんでしたが、家ではかんしゃくを起こすことが多くあり、一度かんしゃくを起こすと、1時間以上泣いたりわめいたりして治まらず、手を焼いていました。

くよくよ悩むより医師に診てもらおう、と次男も診察を受けました。その時は、はっきりせずに経過観察になりましたが、アスペルガーの傾向が見られるので、アスペルガーだと思って接するようにと指示を受けました。

初診から3カ月後、年中クラスに進級した時、次男はひどく混乱してしまい、毎日のように「保育園をやめさせてくれ」と泣いていました。ふたたび診察を受けたところ、4歳だった次男もアスペルガー症候群の診断を受けました。

私たちが診断を受けた後、ずいぶん経ってから、多くの親御さんがわが子の診断を受け入れるまでにとてもつらい思いをされる、と知りました。

私には、自分や子どもの障害を受け入れることに抵抗がありませんでした。けれども、何ひとつ苦しまずにいた訳ではありません。自分自身の経験から、子どもがどんな苦労をするのか、どういうつらい目に遇うか、先のことがわかりすぎてしまい思い悩む日が続きました。子どもの将来と自分の過去の思い出が重なりあい押しつぶされそうでした。

子どもが小さいうちは親が守ってやれても、いつか自力で乗り越えなければならない壁が出てきます。その壁に子どもが立ち向かう時、親は黙ってそれを見守るしかありません。それがとても大きな重圧に感じられたのです。「過保護にならず、過干渉にならず、子どもを守り育てる、そのためにできることは何だろう」。そんなことを考えていました。

私たちは少数派

私は「アスペルガー症候群のことを勉強しよう」と思い、街の大きな書店に出かけました。でも、並んでいる本は教員や保護者向けで、発達障害児の問題行動ばかりを取り上げたものでした。「こんなに困った子どもたちなんです！　親も先生も本当に大変なんです！」。そればかりが強調されているようで、私の中には切なさだけが残りました。

「本人だって読むかもしれないのに……。そういう心配りのある本がない」と、あきらめて帰りかけた時、ある本が目に入りました。よこはま発達クリニックの吉田友子《ゆうこ》先生が少数派の人向けに書かれた『あなたがあなたであるために』という本です。

その中に、つぎのような一節がありました。

『あなたがあなたであるために』
（中央法規出版）

暮らしやすくなるための勉強は必要です。

でもそれはあなたたちが『正しい』やり方を知らないからではありません。あなたたちは『多数派』のやり方を知らないだけなのです。

あなたはすでに十分な努力をしています。

多数派の子どもたちが味わっていないつらい経験に耐えてきました。

今うまくいってないことがあるとしてもそれはあなたの努力が足りないのではありません。

私は、涙がこぼれ落ちそうになるのを必死でこらえて、本を手に急いでレジに向かいました。そして、自宅に戻ってから何度も何度もくり返し読みました。

「世の中には自分のような存在を認めてくれる人がいる、今は八方ふさがりだけれど、大丈夫、大丈夫、まだ何とかやりようがある、私たちにも生きる道がある」

涙があふれて止まりませんでした。

この本には、自分をかわいがってくれたおじいさんが亡くなった時に、火葬場で人間を焼く温度を知りたいと思ったという女の子の話が出てきます。「女の子は、自分をひどい人間だと思っていた」と書かれていました。

私は、父の最期を看取った時のことを思い出しました。私もこの女の子と同じでした。呼吸が止まっても心臓がしばらく動き続けていた父の傍らで、「死の瞬間なんてないんだ、こうやって人は少しずつ死んでいくのだ」と考えていたのです。父の死を悲しむ気持ちがなかった訳ではないのに、冷静に死を観察していた自分に罪悪感を抱き、このことはだれにも言えず封印していました。

この本で、多数派と少数派の感じ方や心の動きには違いがあると知り、父の死を冷静に受けとめていた自分を責めなくてもいいのだ、とずいぶん心が軽くなったのです。

少数派だと知るまでは、自分を根本から変えようしていました。それは、もち米がおいしいおにぎりになろうと必死で努力していたようなものでした。本当はおいしいおもちやおはぎになれるのに、そのことに気づかないでおにぎりでなきゃダメ！ とこだわり続けたもち米の私。どんなに努力をしてもおいしいおにぎりにはなれませんでした。

少数派と知って一番よかったのは、報われない努力から方向転換できたことです。

現在、私は月に1～2回精神科へ通院しカウンセリングと服薬を続けています。子どもたちも、発達障害の診療を行っている小児科で必要に応じてカウンセリングや投薬を受けています。それぞれに合ったアドバイスをもらえてずいぶん楽に生活できるようになりました。自分の特徴を知る機会を得て「特徴に合ったやり方を探す」「周りの環境を整えていく」。そういう方向に考え方を変えることができたのは、私や子どもたちにとって、大きな収穫で転機でした。

②

なんだ
そうだったんだ

中断がきらいだった私

私は、子どもに呼ばれただけで怒り狂って、思わずたたいてしまうことがありました。子どもを愛せないダメな母親だ、と自分を責めて落ち込みました。なぜそうなってしまうのかわからず、何度も何度も同じことをくり返していました。

はじめて精神科を受診した時、私はこれを何とかしたいと訴えました。どんな時にそうなるのかと問われ、考えごとをしている時だと答えると、先生は「ああ、中断させられるのがイヤなんですね」とあっさり言われました。

目からうろこが落ちたように感じました。「ああよかった、私は子どもを愛せなくてたたいていたんじゃないんだ、中断させられたのがイヤだったんだ」と納得して、安心しました。

それからは、子どもがいる時には考えごとをしないように心がけました。たまには「うるさい」と怒鳴ってしまうこともありますが、「怒鳴ってごめん、考えごとしてた」と謝ります。

子どもに「ごめん」と言うことに、はじめはとても抵抗がありました。でも、私が「ごめん」と謝ると、不思議なことに子どもたちも「考えごとしてたのに、話しかけてごめん」と言ってくれるようになり、家族の間で「ごめん」が普通の言葉になりました。

中断がきらい——。

この特徴が長男にもあるとわかり、それがかんしゃくを起こす原因のひとつだ、と気づきました。

外出の直前にブロック遊びを始めた時には、「あと15分で出かけるよ、途中でやめるのはしんどいよ、帰ってきてからにしよう」とか、「時間がある時にゆっくり遊ぼうよ」と声をかけるようにしました。前もって「15分でやめてね」と声をかけて、タイマーをセットして時間がわかるようにしました。

はじめはうまくいきませんでしたが、根気よくくり返すうちに、「10分でやめるよ、怒ったり泣いたりせずにやめるから」と長男は自分でタイマーをセットするようになりました。

じつは、3人の中で一番強く「中断がきらい」という特徴を持っているのは私だと思います。「中断できない」と言った方がより正確かもしれません。この特徴によって日常生活の中で困らないように、いろいろな工夫をしています。

たとえば、少し高めの台を用意して、パソコンを立ったままで使えるようにしました。長時間、立って作業していると足がだるくなります。そのだるさが「ちょっと休憩しよう」とか「今日はここまで」と思わせてくれます。

好きにしなさい？

子どもの頃から「もう、好きにしなさい！」と言われたら、好きにしてよいのだと思っていました。たとえ相手が怒っていても、許可してくれたと受け取っていました。「好きにしなさい」と言われ、「は〜い」と好き勝手するので「何を考えているんだ」と怒鳴られました。

私は、「好きにしていい」と言った人がどうして怒るのか訳がわからず、時には「好きにしていいって言ったじゃないか」と食ってかかったこともありました。すると「言葉の揚げ足を取るな」とさらに叱られていたのです。

アスペルガーと診断されて数カ月が経った頃、何かおかしいと気がつきました。私は「聞くは一時の恥」と自分に言い聞かせて、主治医の先生に尋ねました。

「これまで、『好きにしなさい』と言われたら、好きにしていいと思って好き勝手していたけど、そうするともっと叱られて、どうして言われた通りにして叱られるのかわからなかったんです。でも、もしかしたら、好きにしてはいけなかったのかもしれないと思ったんです。やっぱり、好きにしてはいけなかったのでしょうか？」

先生は首をかしげ、腕を組んで考え込んだ後に、「時と場合によりますよ」と答えてくれました。しかし、私には時と場合をどう判断するのか、肝心な点がわからないままでした。

ある多数派の人の意見では、とりあえず、謝ってくれたら怒りが鎮《しず》まるから「ごめんなさい」と言ってほしいそうです。これが無難な対処法なのかもしれませんが、相手が何を怒っているのかわからなければ、口では「ごめんなさい」と言っても裏腹の行動をとるかもしれません。それはそれで、相手の怒りを増大させる危険と隣り合わせです。

言葉の使い方や受け取り方が違うことを知らず、誤解が誤解を招いて衝突が起きる。少数派も多数派もどちらもそのことに気づかない。これはなんて悲しい現実でしょうか。

私は、このことを子どもに教えておかなければ、と思いました。先生や大人が怒って「好きにしなさい」と言う時は、好きにしてはいけないよ、周りをよく見て、お友だちと同じようにしておくのがいいみたいだよ、と話しました。

「何で？　好きにしたらいけないのに、好きにしなさいって言うの？　そんなの変だよ」

と子どもたちの反応は予想通りでした。

「それがねぇ……お母さんにも謎なんだよね……」としか言いようがありませんでした。

私は、「本人の好きにしていい」と思った時にしか「好きにしなさい」と言わないのです。

多数派の人たちには怒ると反対言葉を使う特徴がある。

その事実を知っておくことが、私たち少数派にはとても大切だと思います。

いい子にしないと、おやつをあげません？

「いい子にしないと、おやつをあげません」という言葉は、「いい子にしてくれたら、おやつをあげるから、言うことを聞きなさい」という時に使われます。本当に「おやつをなし」にする気はなく、あまりいい言葉ではありませんが、脅しの言い回しなのだ、と今は理解しています。

子どもの頃の私は、その意味がくみ取れず、言葉通りに「おやつをあげません宣言」と受け取っていました。

おやつをもらえないと思い込み、そのショックから自分を守るために「おやつなんかいらない！」と反抗するしかなかったのです。「いらない」と言ったら、頑固に貫くしかない私でした。言葉のままストレートに受け取って反応していた私は、周囲からはさぞ天《あま》の邪鬼《じゃく》でへそ曲がりな子と見えていたことでしょう。

多数派の子どもたちは、いちいち教えられなくても言葉の裏の意味をくみ取っているそうです。私にはテレパシーで理解しあっているとしか思えません。

一事が万事、この調子でした。

私なりに考えた行動は、多数派にすれば結果的には悪い子の行動だったのです。

多数派の人たちの言葉（裏の意味）
↓
言葉通りに受けとった私の行動

走り回る子には、
何も買ってあげませんよ
（「走るのをやめなさい」のこと）
↓
「いらない」と走り続ける。

落書きばかりして、鉛筆は没収します
（「落書きをやめなさい」のこと）
↓
「はい、どうぞ」と使っていた鉛筆を渡し、
筆箱から別の鉛筆を取り出して落書きを続ける。

騒ぐのなら、もう帰ります
（「静かにしなさい」のこと）
↓
「早く帰ろう」と言い出してきかなくなる。

そんなに聞きわけのない子は、
帰りなさい
（「言うことを聞きなさい」のこと）
↓
「はい、帰ります」と本当に帰る。

また、大人は「おやつをあげませんよ」と言っても、けっきょく、最後はおやつをくれる訳ですが、これがまた私には納得できませんでした。

「『あげない』って言ったのに何でくれるん?」

「くれるんならどうして『あげない』って言ったの?」

どうして大人は嘘をつくのだろう？　と思っていました。

10歳をすぎた頃、私はますます反抗的になりました。大人の言葉が「罰を与えるぞ」とか「ご褒美をやらないぞ」とか、たいてい脅しの言い回しだったからです。指示されている内容がわかっても、その言い方に反発し、指示通りにできませんでした。

「勉強は褒められるためにするものではない」

「見返りを求めてよいことをするのは間違いだ」

「ご褒美が欲しくて、いい子にするのは悪いことだ」

これは、私の父が口癖のように言っていたことです。多数派の子どもたちは「そうは言っても……」という「本音」を自然に感じ取り成長するそうですが、私は、この建前だけをまともに受け取り、「罰やご褒美で態度を変えるのは悪いこと。態度を変えないのはよいこと」という考えに縛られていました。「建前」を守ることが何よりも大事になっていたのです。

そのときどきでコロコロと変わる一貫性のない大人の理不尽な態度を理解できずに激しく反抗しました。

私には一言があります

自閉症の親の会で知り合ったある方に、一度言い出したことを「変えられない」、コロコロ態度を「変えられない」、何もかも「変えられない」私のことを話すと、「兼田さんは自分でソーシャルストーリーを書いた方がいいんじゃないの」とアドバイスをしてくれて、次のようなストーリーを考えてくれました。

「ソーシャルストーリー」というのは、社交情報を自閉症スペクトラムの認知特性に合わせた文章でわかりやすく伝える方法で、米国の自閉症教育の専門家キャロル・グレイが考案したものです。

武士に二言《にごん》はないと言います。
私は武士ではありません。
だから、私には二言があります。

これはソーシャルストーリーの正式な書き方に沿ったものではありませんが、私には効果がありました。私は、この言葉がすっかり気に入って、バスに乗っても、お風呂に入っても、散歩中でも、この文句をくり返しつぶやいては、ひとりでクスクスと笑っていました。

「私は武士じゃないんだもん、変えてもいいんだよね」

私を縛りつけていた縄の固い結び目は、じわじわと緩み始め、自分の意見を変えてもいいと思えるようになりましたが、抵抗なく行動に移せるようになるまでは、少し時間と経験が必要でした。

私は、薬に強い拒否感がありました。何度か薬で調子が悪くなったことがあり、そのために西洋薬を毛嫌いしていました。とてもひどい抑うつ状態で精神科に通うようになってからも、主治医の先生に「薬を飲みたくない」「薬は嫌い」「薬は毒」と言い続けて、抗うつ剤の服用を拒んでいました。主治医の先生は、薬を無理強いしませんでしたが、ふたたびうつの波が来た時は、最初の時より何倍もつらく感じました。

成人の自閉症スペクトラム向けのある講演会で、うつに関する話を聞く機会がありました。自閉症スペクトラムの人は、生まれつきセロトニン神経系が脆弱でうつになるリスクが高い脳タイプなのだから、うつになっても自分を責めないで医師に相談するように、という内容でした。

自閉症スペクトラムの人は理屈で納得する人が多いそうです。私も例外ではなかったようで、講演を聞いた私は、生まれつきの脳タイプなら、その弱点を薬で補うことがとても合理的に思え、抗うつ剤に対してまったく抵抗がなくなっていました。

ところが、「薬を飲みたくない」と言ってきた私には、「薬を出してください」とは主治医に言えませんでした。どうしても、どうしても、言葉にして伝えることができなかったのです。本当に言いたいことが言えず、ますます落ち込んでしまう悪循環に陥ってしまいました。

その悪循環から逃れるヒントを発達障害者支援センターのスタッフの方が教えてくれました。

「言えないならお手紙に書いて伝えてみては?」と提案してくれたのです。

「ずっと、薬をイヤだと言ってきたから、どうしても言えなかったけど、無気力で生活に支障が出ているし、本当につらいからお薬の力を借りたいと思っています」

そんな内容の手紙を書いて先生に渡しました。

それを読まれた先生は、本当にうれしそうに満面に笑みを浮かべて、「今の兼田さんにピッタリのお薬がありますよ」とお薬の説明をしてくれました。この時の私は、全身の血が逆流しているような不快感と、体中をかきむしりたい衝動に必死で耐えていました。「変えられない私」を「変える」という恐怖がおそってきたのです。私はパニック状態になる寸前でした。「耐えがたきを耐え忍びがたきを忍び……」。私は頭の中を「忍耐」の文字でいっぱいにして、診察が終わるのを待っていました。とにかく1分、1秒でも早く診察室から逃げ出したかったのです。

でもそれは、自分の主張を変えて先生に伝え、喜んで受け入れてもらえたという大切な経験になりました。そして、いままでの「変えられない私」を「自分の意思で変えない私」に変え、「自分の意思で変えない私」と共存できる「自分の意思で変えられる私」を生み出してくれました。

あれから、あの時診察室で耐えたような苦痛をくり返すことはありません。

今は抵抗なくすんなりと、

「変えてもらってもいいですか？」とか

「前言は撤回しま～す」と言えるようになりました。時には、少し戸惑うこともありますし、よく考えてから、と自分でブレーキをかけることもありますが、あまり不自由は感じません。

予定変更と臨機応変

私は、自分の頭の中でいろいろと段取りを考えて行動しています。休日なども、前日の夜くらいまでに、明日は「あれをして、これをして」ときっちりと予定を組んでいます。ですから、友人から「今日、ヒマ？」と誘われるとおもしろくない気分になります。

急に誘われると世界がグニャグニャとねじれてしまうような不快感に支配されるのです。なぜそういう不快感がわきあがってくるのかわかりませんが、「予定変更が苦手」、「心づもりを変えるのがつらい」という少数派の特徴によるものなのでしょう。

「予定変更が苦手」と言うと、「イヤなことが急に起きる」からだと思われがちですが、そうではありません。「急に予定が変わること」自体が苦痛なのです。たとえ楽しいことへの予定変更であっても、心の準備ができていないとふてくされた態度を取ってしまうのです。

自分のこの特徴がわかってから、友だちには、「誘ってくれるのはうれしいけど、急に誘われると疲れ果ててしまうから、できれば前日までに、遅くても当日の朝8時までに連絡してほしい」とお願いするようにしました。

それでも当日になって誘ってくる友人がいます。発達障害者支援センターの方から、「世の中には予定を決めて行動するのが苦手な人、その日のことはその日の気分で決めたい人もいて、そういう人は断られてもクヨクヨしないようだ」と教えられました。

そこで、勇気を出して「今日は無理」と断り、「この日なら大丈夫よ」と別の日を伝えるようにしました。子どもたちには「休みの日の予定は前日の夜までに決めてほしい」「予定変更はなるべくしたくない」と、ちょっと強引に迫りました。

長男は「オレも心の準備ができてないことはしたくないから、お母さんの気持ちわかるよ」とすぐに了解してくれました。「明日は天気がよさそうだから動物園に行こう」とか「週末のお昼はマクドナルドにしよう」とか、前もって心の準備ができていれば楽しく過ごすことができます。

最近では、「予定の中に予定変更を入れておく」と、3人とも何とかそれなりに対応できることがわかってきました。たとえば、動物園に行く予定には、「雨が降ったらレンタルＤＶＤを借りに行こう」、マクドナルドに行く予定には、「もしも混んでいたらミスタードーナツにしよう」と予定変更を予定の中に組入れておくのです。

出かける時には、あらかじめ「変更があるかもしれないし、ないかもしれない」と自分にも子どもにも言い聞かせて出かけます。

お互い予定変更が苦手なことを認め合い、「思いつきで予定を変更しない」「変更を無理強いしない」ルールが自然にできていましたが、私も子どもも、自分の思いつきで予定を変更したい時があります。「思いつきの変更」は「来週の○日ならいい？」と確認してから、カレンダーに書き込むようにしています。

予定変更にうまく対応できているように見えても、ストレスがまったくない訳ではありません。基本的に変更はつらいので、変更は少ない方が楽なのです。

読めなかった小説

小学生の頃、漫画や図鑑などの絵や写真が中心の本しか読みませんでした。私には、お話の本がまったく理解できなかったのです。中学生くらいになるとノンフィクションやエッセイ、歴史や科学の本などを読むようになりましたが、なぜか小説のような架空のストーリーだけは楽しむことができませんでした。

30代になってから、先に映画を観ると原作の小説を読めることに気がつきました。私は小説を読みながら、頭の中で映画を再生させていました。映像に対する記憶力がよいのか、色鮮やかに場面を思い浮かべることができました。

私にも小説が読める！　とうれしくなって、映画を観ては原作やノベライズを読むことをくり返しました。すると、だんだん映画を観なくても小説を読めるようになっていました。

特別支援教育の可能性について書かれた『ギフテッド――天才の育て方』（杉山登志郎・岡南・小倉正義、学研教育出版）に視覚優位の映像思考の子どもに有効な学習指導方法として、映像と同じストーリーの本を用いて、映像をことばで解説していく方法が紹介されていました。

私は知らず知らずのうちに、それと同じことをしていたようです。映像を文章で確認する作業をくり返すことで、文章を映像に変換して理解することができるようになったのだと思います。

そこで、私と同じようにお話の本が苦手な次男に、『あらしのよるに』（木村裕一作）のＤＶＤと本を使って、映像をことばで理解していくこの方法を試しています。親子で一緒にいろいろなアニメや映画を観ながら、本を読むことを楽しみたいと思います。

少し時間がかかるかもしれませんが、次男の頭の中に文字の情報を映像化する回路ができれば、彼に新しい世界が開けると思います。

ちなみに、長男は難なくお話の本を読んでいます。２年生の時には高学年向けの分厚い本を読むようになっていました。彼の脳ミソには、私や次男にはない回路があるのでしょう。

緑なのに青

「ねぇ、お母さん、何で緑なのに青ムシなん？」

長男が１年生になったばかりの頃に、とても真剣な顔で聞いてきました。

「日本人は緑を青って言っちゃうんだよ。青と緑はハッキリ区別してないのかな。ほら、緑色のカエルを青ガエルとか言うじゃない」

長男が子どもの頃の私と同じことを考えているので、なんだかうれしくなりました。子どもの頃、信号機を見るたびに「緑色なのにどうして青信号と言うんだろう?」と不思議に思っていたのです。他にも「どうして?」と思うことがたくさんありました。

病気になると親が「病院へ行こう」と言いました。でも、連れていかれたのは、「○○医院」です。なぜ「医院」を「病院」と呼ぶのか、その違いが何なのかはわかりませんでした。中学生の時に辞書で「病院」と「医院」(正確には無床診療所)の違いを知りました。

違いを知った私は、ますます「医院」を「病院」とみんなが平気で間違った呼び方をして、そのことをだれひとりとして「おかしい!」と言わないことに疑問を感じ、その思いは大きくなるばかりでした。でも、言い間違いを指摘するとイヤな顔をされるし、私の方が「変だ」と言われるのです。本当に訳がわかりませんでした。

ある時、ハッと気づいたのですが、要は、ケガや病気で治療を受ける場所でお医者さんがいるところは、全部「病院」という言葉でまとめていて、法律で定義され厳密に区別されていることなんか、だれもまったく気にしていない……? 多数派の人は、小さな違いを気にせず「同じ」でくくってしまえる便利な特徴を持っているのだと思います。

そう考えると、ヤマト運輸の「宅急便」が「宅配便」と同意語になってしまっていることも、タッパーウェアの製品にしか使えないはず名称ですべての密閉容器を「タッパー」と呼んでしまうことも、全部が同じ理由であることに気がつきました。

次男も、言葉を厳密に区別したがります。「服が汚れるよ」と声をかけられたら「これはジャンバー」とか、「かっこいい靴ね」と褒められても「違う、サンダル」と言い返していました。「スイカ」を野菜と言い張って、お友だちとケンカになったこともありました。

次男には、「服」は「身につける衣服」という大きなグループを表す言葉であること、同じように「靴」も「履き物」全体を表していることを図にして説明しました。

また、「スイカ」についても植物の種類としては「野菜」のようだけれど、みんなは「デザート」で食べるものを「くだもの」、「おかず」で食べるものを「野菜」と区別していて、私たちとは違う基準で区別していると説明し、ムキにならなくてもいいと話しました。

「キミは違いがわかる人なんだよ。でも、細かい違いを気にしてない人に面倒くさがれるから、ムキになって言わない方がいいかもしれないね」

私たちが「違う」と区別することを、多数派の人は「同じ」と認識する、その反対の場合もあります。「違う」と「同じ」を区別する基準や分類方法が違うのだと思います。それを知っておくだけでも、私たちはずいぶん生きやすくなります。

③全部まとめて「くつ」と言います

くつ → サンダル
くつ → 長ぐつ
くつ → パンプス
（○）

サンダルのことをくつというョ！

パンプス → ブーツ
長ぐつ → スニーカー
スニーカー → パンプス
（×）

同《おな》じくつグループでも種類《しゅるい》がちがうョ！

④スイカは野菜？　くだもの？

みんな（多数派）の場合

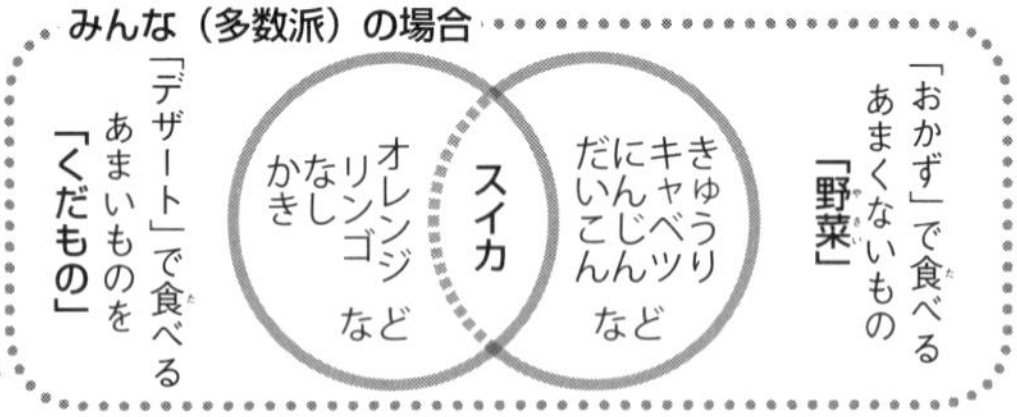

私たちの場合

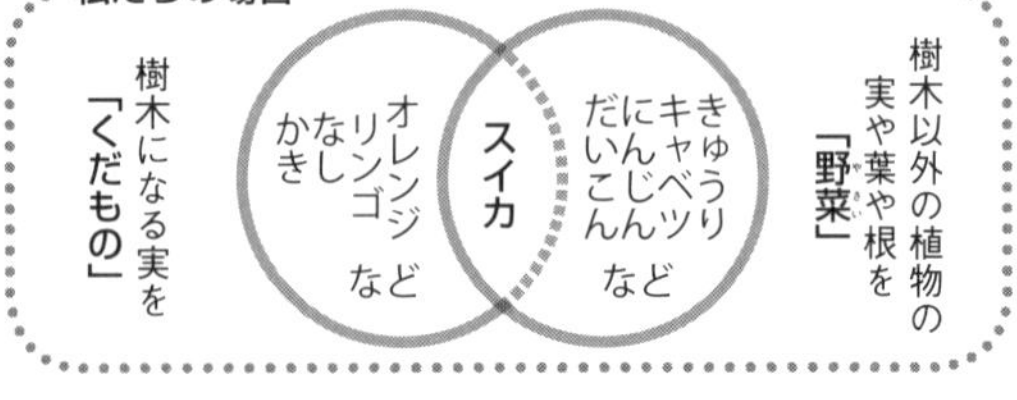

野菜《やさい》だけどくだものとして食べられているものを「果実的《かじつてき》野《や》菜《さい》」とよぶこともある。どっちもまちがいではないのかもしれないね‼

注意！

「人《ひと》のふりみてわが ふり直《なお》せ」といいます。
人のいいまちがいを　いい直《なお》すことより
自分《じぶん》が気《き》をつける方《ほう》が大事《だいじ》かもしれないね。

みんなと私たちは分類《ぶんるい》の仕方がちがいます

①「宅配便」と「宅急便」のちがい

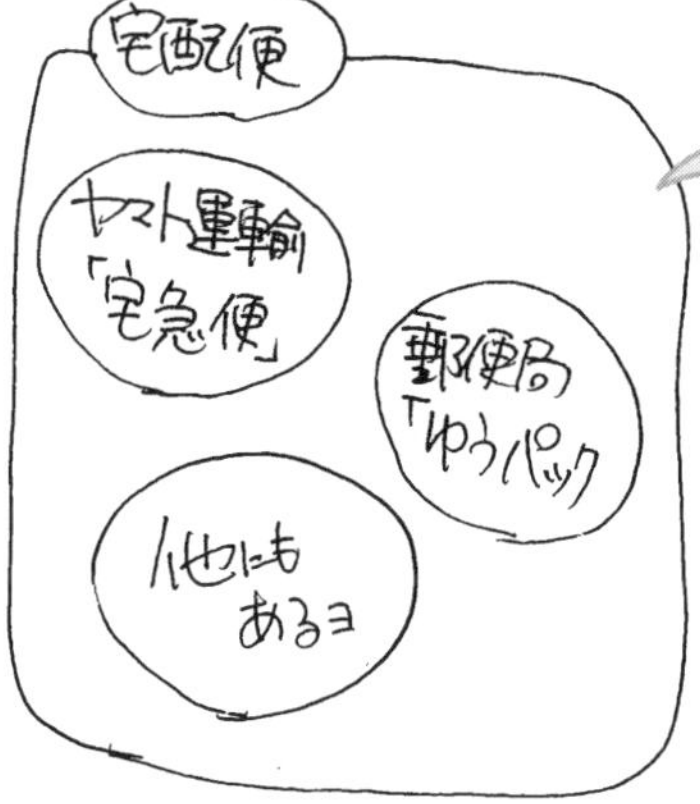

「宅配便《たくはいびん》」は荷物《にもつ》を運《はこ》んでくれるサービス全体の名前です。その中のひとつにヤマト運輸《うんゆ》の「宅急便《たっきゅうびん》」があります。
このヤマト運輸《うんゆ》の「宅急便《たっきゅうびん》」がとっても有名になったので、いつの間にかみんなが「宅配便《たくはいびん》」のことを「宅急便《たっきゅうびん》」とよぶようになりました。
みんなは、あまり気《き》にしていません。本当《ほんとう》はちがうけど、気《き》にならないそうです。

②全部まとめて「服」と言います

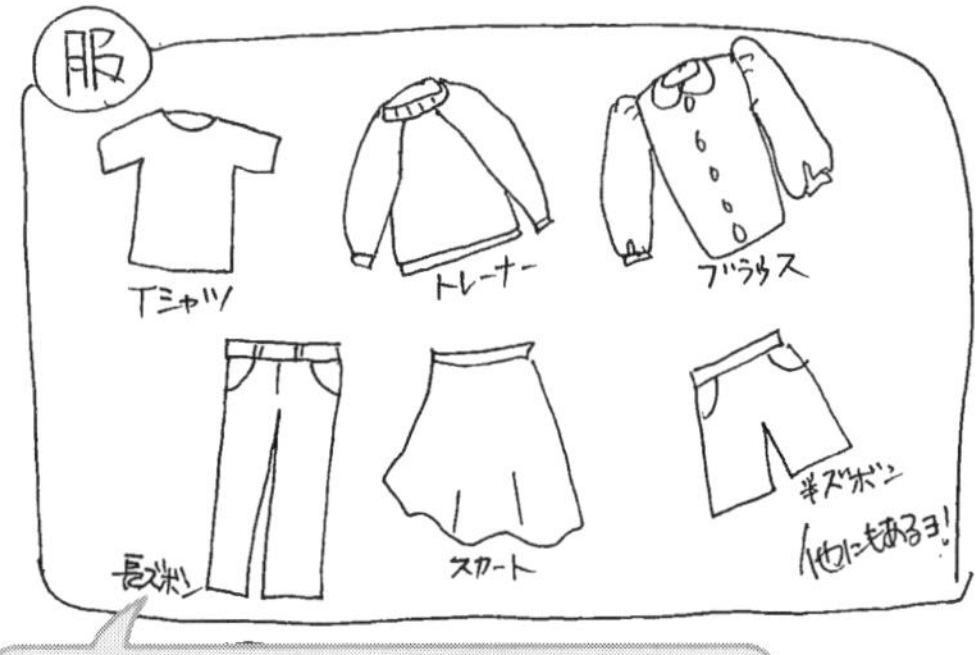

服 → Tシャツ
服 → 長ズボン
服 → スカート

Tシャツのことを
服というョ！

スカート → ズボン
Tシャツ → ブラウス
トレーナー → スカート

同《おな》じグループだけど
種類《しゅるい》がちがうョ！

はっきり区別できないものもあるヨ。
そういうとき、みんなはあまり気にしていないようだね。

私が意地悪な子だった訳

「自分がされてイヤなことを、人にしてはいけません」
「自分がしてほしいと思うことを、人にしてあげなさい」
「相手の立場になって考え行動しなさい」

親や先生からくり返し教えられました。ところが、精一杯自分なりに考えて行動しても、友だちを泣かせたり怒らせたりするのです。その結果、あの子は性格が悪いとか、意地悪な子だと疎まれていました。「どうして、人の気持ちがわからないの！」と責められても、私の何がいけなかったのか、わかりませんでした。

私は同じ少数派の人と交流するようになり、私にわからなかったのは「多数派の人の気持ち」だったのではないかと考えるようになりました。多数派と少数派には、根本的なものごとのとらえ方や視点や感じ方が「違う」場合があるのだと思います。

たとえば、私は、いつでも白黒ハッキリさせたいのです。どっちつかずであいまいなことがイヤなのです。たとえ、イヤな現実でも、本当のことを教えてほしいのです。

本当は似合ってない洋服を、似合うと言われると腹が立ちます。

多数派の人は、お世辞でも「似合う」と言ってほしいのかもしれません。

⬅

適当にごまかされたり、ウソをつかれたりするのはとてもイヤなのです。それが優しさからのウソでも、事実を知らされなかった現実に、私の心は耐えられないのです。

⬅

本当のことをハッキリ言わないとか、だまされたふりをしてあげるのが、多数派の人の優しさなのだと思います。

根拠のない「大丈夫よ」でなぐさめられると、バカにされたように感じます。

⬅

多数派の人は「大丈夫よ」が励ましの言葉なのかもしれません。

ずっと同じ物を使いたいし、コロコロ変わる流行が理解できません。

⬅

多数派の人は新しいものに抵抗がなく、むしろ新しいものが好きなのだと思います。

みんなが「よい」と誉めるものの価値がわからないこともあります。

多数派の人は、評判のよい映画や本などに「とりあえず自分も」と反応して行動するのかもしれません。

⬅

自分でやろうとしていることに横から手出しされると、それが親切でもわずらわしく感じてしまいます。最後まで自力でやりとげたいのです。

⬅

多数派の人は、みんなで協力し合って何かを成し遂げることに喜びを感じるのだと思います。

「こんな私」を基準にして、「自分がされてイヤなことを、人にしない」「自分がしてほしいと思うことを、人にしてあげる」、もしも自分だったらと「相手の立場になって考えた行動」をしていたのです。

何もかもが裏目に出て、きっと、わざとイヤがることをして、してほしいことをしてあげない、ひどい意地悪な子に見えていたことでしょう。

苦手の克服

私には得意なことを探して磨くことよりも「苦手の克服」が最重要課題でした。人とかかわることが苦手な私は、だれとでも仲よくなれるようにならなければ人として価値がない、と感じていました。苦手を克服するために人とかかわる営業職にばかり挑戦しました。

自閉症スペクトラムの人に一番向いてないといわれるのが営業職です。当然、お客様と人間関係を築いていく段階から失敗の連続でした。言葉の裏にある意図や本心をくみ取れないのは致命的だったと思います。また、そういう難しさだけでなく、立派に掲げられた会社の理念と現場で行われていることのギャップが、私を追い込んでいきました。

表面では「お客様を一番に考えて」と言いながら、会社にはいろいろな規定がありました。その規定に合わせると、自分の営業成績をよくするために不要なオプションをつけて販売しなければなりません。建前の理想と本音の現実、その間で身動きがとれなくなり、保険や通信機器などの営業職で挫折をくり返しました。

それでも、人とかかわる苦手を克服しなければいけない、と強迫的に思い込んでいたので営業職への挑戦をやめられませんでした。

また、外に出て仕事をしなければならない、という激しい思い込みがありました。精神科へ通院を始めた頃、とても仕事などできる状態ではなく「しばらくはドクターストップ」と言われていました。先生に、いつになったら働けるのか、と何度も何度も迫りました。

私があまりにもしつこかったのだと思います。

「どうして、そんなに、仕事、仕事と言うのですか？」

先生はきつめの口調で私に問いかけられました。私は「働かざる者、食うべからず、って言われています」と答えました。幼い頃、明治生まれの祖母からくり返し聞かされた言葉です。

「それは、ある人のある考えです」

先生はきっぱりと言い切りました。たしかに、それはいろいろな考え方や価値観のひとつに過ぎないのですが、私の中では絶対に守らなければならないルールになっていました。

「でも、先生、勤労と納税は国民の義務って日本国憲法に書いてあります」

一瞬、先生は私から目をそらして吹き出しそうな顔になり、それからすぐに真面目な固い表情になりました。

「それは、元気で健康に働ける人のことです。あなたのような状態の人のことではありませんよ。元気に働けなくても、人として生きていく権利は憲法で保障されていますよ」

先生は私を完全に納得させてしまいました。でも、憲法に記されている義務と権利については納得したものの、先生が吹き出しそうになった理由がわかりません。

私は、わからないことをそのままにしておけませんでした。発達障害者支援センターの方に、先生の反応が理解できない、といきさつを話しました。

「兼田さんは、憲法にまで忠実でありたいんですね」

「みんなは、違うんですか？」

「日常生活の中で憲法を意識する人は、あまりいないと思いますよ」

日本国民は、憲法を守らなければならないものだと、みんなもそうしているのだと、私は疑ったこともありませんでしたが、そうでもなかったようです。

文字に反応する目

私は生まれた時から「この感覚」なので、他の人の感覚はわかりませんが、少数派の感覚はものすごく過敏だったり鈍感だったりするようです。

子どもの頃から文字に勝手に反応してしまう私ですが、今でも病院の待合室などでは掲示物に、駅では必要なくても時刻表に吸い寄せられ、隅から隅まで読んでしまいます。でも、2段組の横書きの本は、開いた瞬間に閉じていました。教科書以外の横書きの本はまったく読みませんでした。1枚ずつ読めるプリントなら横書きでも大丈夫なのですが、横書きの本を読むと車酔いのように気分が悪くなります。

原因はよくわかりませんが、自分をよく観察していると、文字数や文字の大きさ、行間や余白のバランスによっては横書きの本でもあまり苦痛でないことに気づきました。また、ひらがなだけの文章やカタカナやアルファベットが多く用いられた文章をとても読みづらいと感じるので、私にはディスレクシア[*1]の傾向もあったのかな、と今さらながら思っています。

ひと手間かければ、それなりに横書きの本も何とか読めますが、必要に迫られないかぎり横書きの本は避けてしまいます。

*1 ディスレクシア：知的能力は標準なのに、文字の習得や読み書きに特異的な困難を示す。学習障害の中心的症状といわれている。

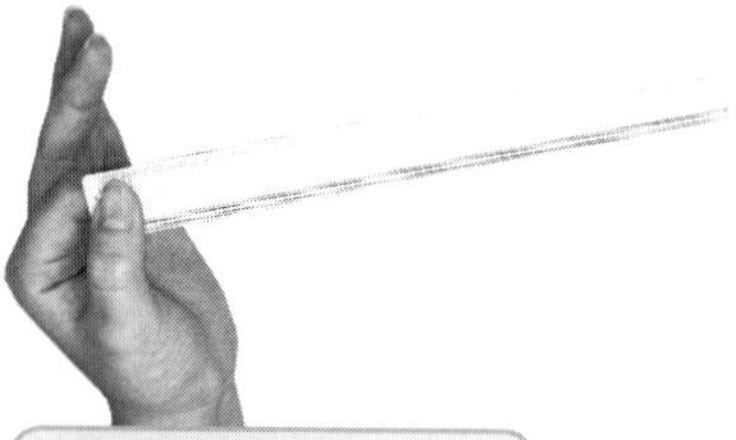

横書きの本を読む時の必需品。

横書きの本はこうして読みます

1 透けないアルミの定規を読む行の下にあてる。

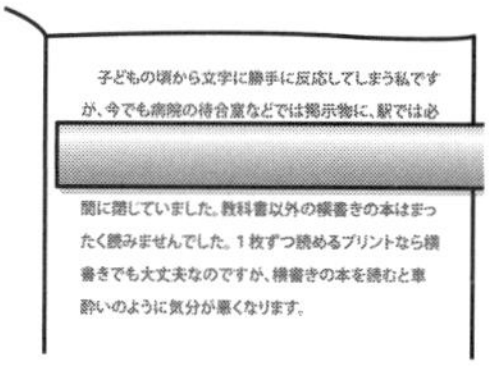

定規の数字が見えないように
裏返して使う。

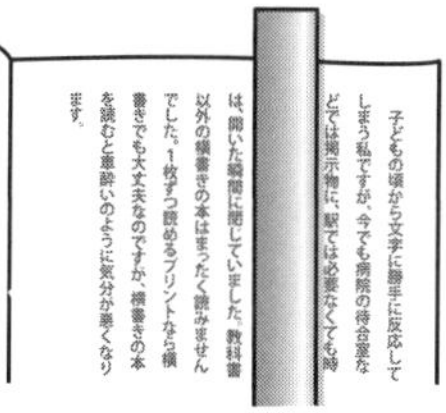

縦書きに使う時もある。

2 片方のページを白い紙で隠す。

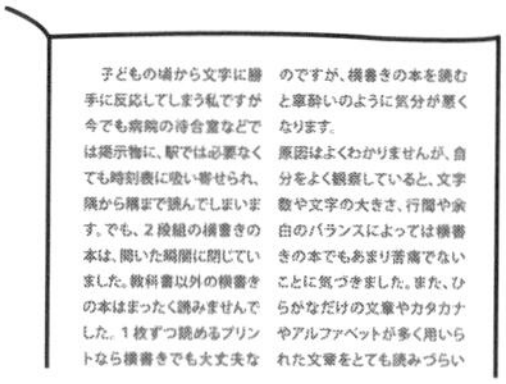

このような段組みの本は
とても読みにくい。

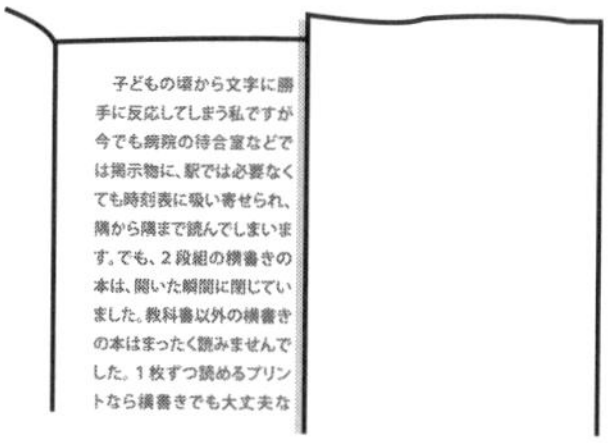

白紙で覆って隠すと読める。

3 段組みされたプリントは折り曲げて読む。

段組みされたプリント。

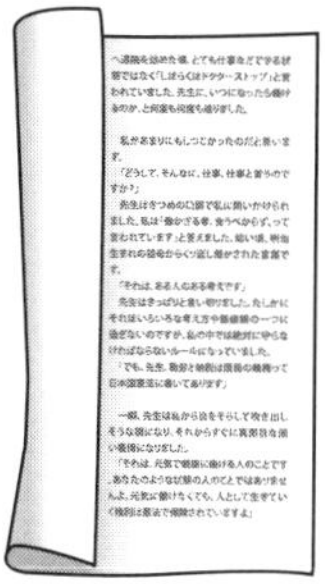

折り曲げて
片方ずつ読む。

聞こえすぎるだけじゃなかった

蛍光灯のピーンという音や電気製品の小さな作動音が耳障りでつらい時があります。心や体の調子によってあまり気にならない時と、ものすごくつらく感じる時があります。最近になって、私は70ｄＢ《デシベル》（少し大きめの話声くらい）の音、長男は40ｄＢ（ささやき声と普通の声の中間くらい）の音で、めまいを起こしていることがわかりました。これには、音を避ける以外に対処法がないので日常的に耳栓を使う方がいい、と医師から言われました。

めまいといっても、グルグル目が回るような感じではありません。ひどく疲れた、脳ミソが疲れた、そんなふうに感じます。そうなってしまえば、とにかく横になって休む以外に回復方法はありません。

音響設備のよい映画館で映画を観た後に震えが止まらなくなったのも、吹奏楽のコンサートの後で階段を下りる時に足の動かし方がわからなくなったのも、カラオケで歌うと頭痛を起こすのも、バスや電車で外出すると疲れ果てて寝込んでしまうのも、一番大きな原因は音によるめまいだったのかもしれません。

ちょっとした外出でも疲れ果ててしまう私は、内科的な病気がないのにどうしてこんなに体が弱いのか、と情けなく思っていました。音によるめまいは治療できるものではないそうですが、原因がわかると気持ちがスッキリしました。外出する時は帰宅後の「疲れ」も予定に含めて考えるようにしています。

音に対する苦手は、複数の要因が絡み合っているケースがあるそうです。次男は自閉症スペクトラムの人によく見られる聴覚過敏だけのようです。私や長男には、聴覚過敏と音によるめまいの両方があります。音によるめまいがある人とそうでない人では、対処法が違うように思います。

私たちを診察してくれた感覚器科の医師のもとで、音でめまいを起こしていると診断された発達障害の子どもが何人もいます。しかし、発達障害を診察する医師は、ほとんどが児童精神科または精神科を専門としており、感覚面での困難さより社会性やコミュニケーションの問題を重視しています。「苦手な音を録音してくり返し聞かせて、音に対する耐性をつけなさい」という医師もいます。特定の音が苦手な聴覚過敏だけであれば、それも有効かもしれませんが（私は賛成できませんが）、音によってめまいを起こしているのなら、くり返し音を聞かせることは虐待と言っても過言ではない、私の感覚ではそのくらいつらいことなのです。

自閉症スペクトラムの人が抱える感覚面のつらさに、もう少し注目してもらえたらと思います。

長男と次男に聞こえる音

長男は、小さい頃から人が多い場所をイヤがっていました。小学校へ入学してからは、帰宅後しばらく横になって休んでいます。私に似て疲れやすい子なのだ、と思っていましたが、じつは横にならなければ回復できないくらいの音によるめまいを起こしていたのです。

長男は学校で耳栓を使っています。耳栓をすると必要な音が聞こえない不便さがあり、授業によって着けたり外したり、彼なりに工夫をしているようです。将来、長男が職業を選択する時には、音に関しても配慮しなければならないでしょうから、職業選択の幅は狭まったかもしれませんが、知らずにいるよりはずっとよかったと思います。

次男は、音でめまいを起こしませんが、鍵盤ハーモニカの音が耐えられません。音楽の授業は歌を歌う時しか受けられませんでした。次男は特定の音に耐えられない「聴覚過敏」を持っているのだと思います。

ところが、次男は吹奏楽が大好きで地元高校の定期演奏会に必ず行きます（私も音楽が好きなので、後から寝込むことを覚悟で一緒に出かけます）。鍵盤ハーモニカの音が耐えられないのに、最前列で大迫力の吹奏楽を聴けるのだから不思議です。

こういう落差が「わがまま」と受け取られるのでしょう。

くさい！

私は、子どもの頃から食べ物の好き嫌いがひどく、親や親戚から「わがまま」「ぜいたく」とよく叱られましたが、長男は好き嫌いがありません。レバーだけは苦手なようですが、給食に出ても何とか食べられると言っています。何でもよく食べてよいことのように思えますが、放っておくと傷みかかったチョットあやしい物でも平気でパクパク食べてしまいます（私が冷蔵庫を整理しておけば避けられることですが……）。長男は、逆に味覚や嗅覚が鈍感なのかもしれません。

次男の好き嫌いは半端ではありません。豆腐は絶対に食べません。高野豆腐も嫌いです。野菜も嫌いです。レトルトのカレーやミートソースも食べません。牛乳は低温殺菌タイプでないと飲めません。カプセルの薬でも「くさい！」と言って飲まないことがあります。

次男には人並み外れた鋭い嗅覚があり、保育園の頃はにおいで人を判別しているようでした。朝、玄関を開いた瞬間に「今日は風のにおいが違う」などと言われても、返事のしようがありません。

敏感すぎて、いいにおいでも強く感じると「くさい！」と言ってしまいます。こうなると、対人関係で困ったことが起きてきます。とりあえず、人のにおいに関しては、その場で口に出して言わずにこっそりお母さんに教えてね、と言い聞かせています。

体を動かす不器用さ

私は、体を動かすことがとくに苦手でしたが、体を大きく動かすことだけでなく、小さな動きも不器用で、鉛筆やおはしも変な持ち方をしていました。

親は「持ち方が悪い」と言うばかりで、何がおかしいのか、どう持てばいいのか、教えてくれませんでした。

二十歳を過ぎてから、鉛筆を正しく持てるような補助グッズを見つけ「物は試し」で練習しました。はじめは腕の妙な部分が筋肉痛になったりしましたが、鉛筆が持てるようになると、すぐにおはしも持てるようになりました。

長男は私にそっくりで、運動も苦手で手先も不器用です。以前は、厳しくしつけようと練習させていました。これも特徴のひとつと知ってからは、運動は体力作り程度にできればいいし、鉛筆やおはしは持ち方のサポートグッズを使って、ゆっくり練習すればいいと考えを変え、のんびりかまえています。

はしの持ち方サポートグッズ

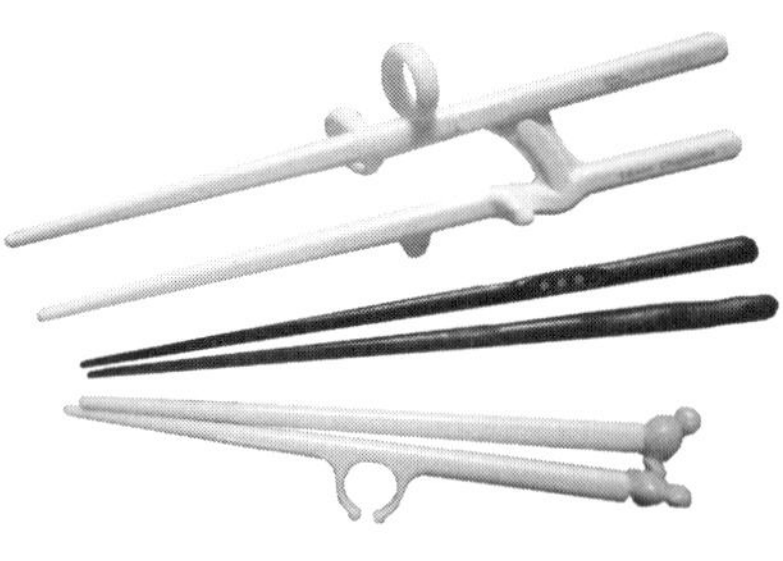

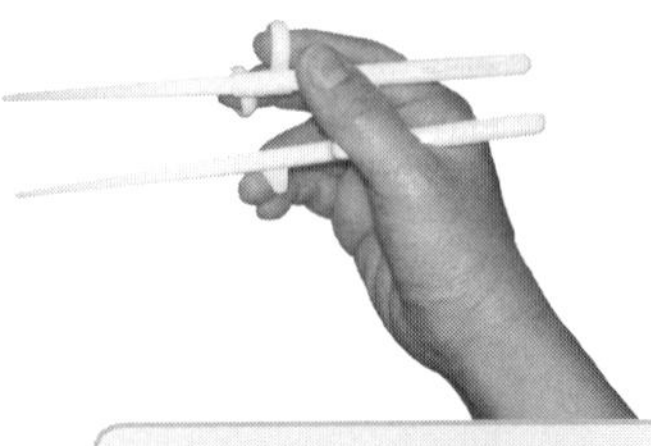

リングやフックで
無理なく正しく持てます。

3

こだわりのある生活です

保育園の受け入れ

長男がアスペルガー症候群の診断を受け、療育センターの地域支援活動の訪問指導を受けると、保育園はそのアドバイスを受け入れて、すぐに必要な取り組みを始めてくれました。

保育室の掲示物をはずしてスッキリさせて、子どもたちの作品を飾る時も2～3日で片づけるようにしてくれました。長男は視覚的な刺激が減ってずいぶん楽になったようでした。

1日の流れを絵カードにして見通しが立つような工夫をしてくれました（年長クラスに進級する時、絵カードをそのまま新しい部屋に移してもらいました。変化が苦手なのですが、以前と同じ物があることで安心できたようです）。

また、園長先生の提案で1週間のスケジュール表が用意され、担任の先生の机にもそのコピーがあって、変更を早めに知らせてくれました。

診断前の長男は、保育園を「こわい」と泣いてイヤがっていました。園長先生は「こわくないよ」と声をかけてくれていましたが、私は「そんな風に言わないでください。この子は本当にこわいんです」と言ったことがあります。

「何がこわいんですか？」と聞かれてもうまく答えられません。

「私もこわかったんです、幼稚園も小学校も、こわくてこわくてたまらなかったんです、だから、

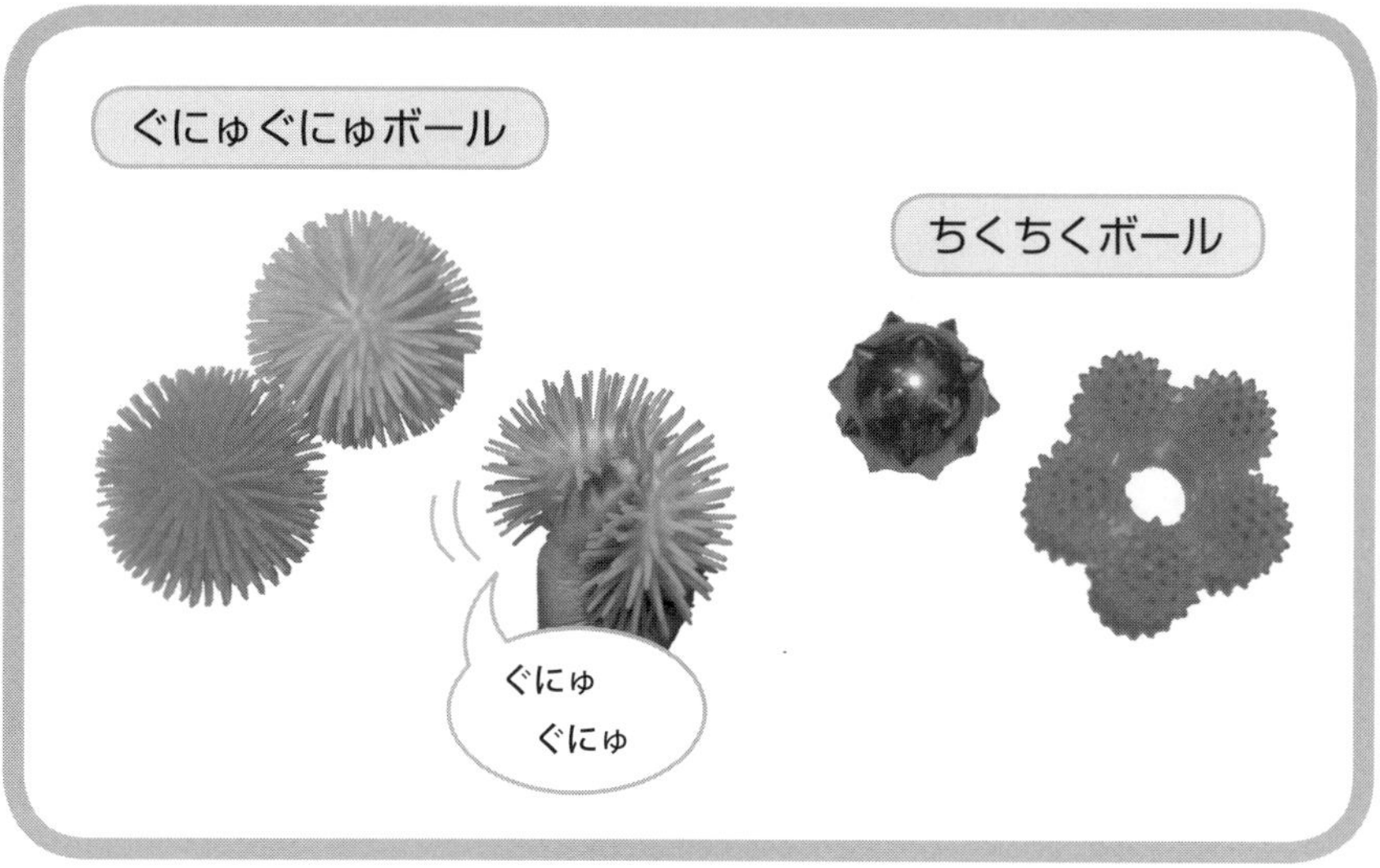

この子もきっと本当にこわいんです」

園長先生は発達障害の研修を受け、この時のことを思い出したそうです。そして、見通しが立たない不安を「こわい」と言っているのではないか、お母さんのこわさも同じような感覚ではないかと思った、少しでも不安を取り除いて楽にしてあげたい、とスケジュール表を用意してくれたのです。

長男はにぎやかな音が苦手です。音がたくさん聞こえる状態が続くと不安定になるので、そのような時には事務室で休憩をさせてもらいました。プニュプニュした感触のボールとチクチクのボールを使った、感覚遊びで気分を落ち着かせて、お部屋に戻れるようにしてもらいました。先生方も手探りの試行錯誤だったと思います。積極的に特性に合った対応を考えてくださる先生方にあたたかく見守られて、長男は少しずつ成長しました。

保育園でいろいろとお願いしながら、家庭でもできることに取り組みました。

一番初めに、朝と夜にやることを絵カードのスケジュール表にして壁に貼りつけました。それまでは「保育園に行く支度して！」というあいまいな言い方で、さっさと動けない長男を怒っていたのです。私はイライラして怒鳴ってばかりでした。着替えや歯磨きなどを具体的に見てわかる絵カードにすると、長男は動きやすくなったようでした。

服が小さくなった

「オレの知らない間に服がタンスの中で縮んでいるよ！　それはどういうカラクリ？　タンスが服に魔法をかけるの？　オレんちのタンスは魔法のタンス？　それなら、どうしてお母さんの服は縮まないの？」

6歳になった長男が、どんなに考えてもわかんない、と私に聞いてきました。

長男は大人から「服が小さくなったね」と言われるので、本当に服が小さくなっていると思っていました。私は彼の疑問が何となくわかりました。私も「服が小さくなった」という言い回しが理解できなかったからです。

私は、子どもを育てるようになってから、「子どもが成長すると、大きさの変わらない服が、小さくなったように見える目の錯覚」だと気づきました。その時は、まだ自分が少数派だとは知りませんでしたが、みんなはこの錯覚をそのまま「服が小さくなった」と言葉にしているのだな、と納得したのです。

服が縮んでいく謎を、夜も眠らずにたしかめようとしたけど眠ってしまった彼が、導き出した仮説は「魔法のタンス」です。なんて素敵な発想だろう、と感心してしまいました。でも、「そう、そう、魔法のタンスよ」なんて調子に乗って話を合わせたりしたら、長男は本気にしていつか恥をかくことになるでしょう。きちんと本当のことを教えておかないといけないと思いました。

私は長男に「服の大きさは変わっていない、あなたが大きくなったのよ」と教えました。それは、彼にとって衝撃の事実でした。しばらくの間「知らんかった、そうだったのか、うちのタンスは魔法のタンスかと思っとった」と少し残念そうに言っていました。

その後、保育園でこんなことがありました。先生に「靴が小さくなったね」と言われ、「靴は小さくなっていない、オレが大きくなったんだ」と答えたそうです。

先生は、子どもの言うことはかわいいですね、という感じで何も気に留めていないようでしたが、私は、このままにしておくと、同じような場面で相手に言い直しを求めるようになるかもしれない、まずいなと思いました。

長男に、みんなは「服が小さくなったね」は「体が大きくなったね」という意味で使っているから言い直さなくてもいい、と教えました。長男は「みんな、どうしてそういうことが、いろいろわかるんだろう？　オレはわからんことばっかりだ」と言っていました。6歳なりにいろいろと思うところがあるようでした。

長男が小学3年生になった時、「服が小さくなったということ、どうして自分はわからんかったのかなと思う？　それとも、みんなは何で気にならないんだ、と思う？」と聞いてみました。

彼はふくれっ面で言いました。

「何で、みんなは気にならんのか、オレはいまだにわからん！」

サメのえさ

「痛いじゃないか！　バカ野郎！　お前なんか、海のまん中で逆さづりにしてサメのえさにしてやる！　それともワニのえさにしてやろうか！　バカ野郎！」

私は、カッとなって怒鳴りまくりました。

次男が散らかしたブロックを踏んだ私は、その痛さで頭の中がショートしてしまいました。私の脳ミソは、ホオジロザメがものすごい勢いで海面に飛び出してくるシーンを自動再生したのです。

そして、私の口から出てきたのは、とんでもないこんな暴言でした。

これって、子どもに「死ね」と言っているようなものです。何でも本気にしてしまう次男には、かなり強烈だったようです。それから、10日経っても1カ月経っても「どうせ、オレなんか、いつかサメかワニのえさにされるんだ……」と、いつまでもいじけていました。

私は「ごめん、カッとなって言っただけだから、本当にサメのえさなんかにしないから、あれはウソだから、許して、本当にごめんね」と何度も次男に謝りましたが、まったく通じません。

大事なあなたをサメのえさなんかにしないよ、と情に訴えるような言葉は、彼の心に響きません。彼には「エサにできない根拠」が必要なのです。

つまり、理屈で納得できる説明の言葉でなければ、次男の心には届かないのです。私は、彼が納得できるよう、物理的に不可能である理由を並べました。

ホオジロザメは日本から遠く離れた海にいます。
そこまで行くには大きな船で何日もかかります。
だから、船に乗るためのお金が要ります。
うちには、そんなお金はありません。
生きている人間をサメのえさにしたら殺人罪です。
殺人罪はおまわりさんに捕まります。
それから刑務所に入れられます。
お母さんは刑務所に入りたくありません。

だから、あなたをサメのえさにはしません。

ワニは日本の川や湖にはいません。
日本では動物園にしかいません。
あなたのことをワニのえさにしてくださいって
飼育係さんに頼んでも「ダメです」と言われます。
それは殺人罪になるからです。
外国の川や湖にワニがいます。
飛行機でなければ行けないくらい遠い外国です。
うちには飛行機に乗るようなお金はありません。
だから、あなたをワニのえさにすることはできません。

それから、もう一度「腹を立ててひどいことを言いました。全部ウソです。本当にごめんなさい」と謝りました。ヘリクツを並べたような説明ですが、彼の思考回路に合っていたのだと思います。スッキリ処理できた次男は、やっとウソだと信じてくれました。

次男が4歳の時のできごとですが、8歳になった今でも彼はハッキリと覚えていて「うちには、そんなお金はありません」で、すっかり納得したと笑っていました。

絵の方がよかったのに……

「オレは、どうして同じことを何回も言われて、それでもできんのかな……」

私が「ドアを閉めて！」と注意した後に、6歳の長男がボソッとつぶやきました。

私は口やかましく注意しすぎていると反省し、言葉で注意する回数を減らそうと考えました。家庭にある視覚的な手がかりは、絵カードのスケジュール表だけでした。それもあまり使わなくなっていたので、もっと積極的に視覚的な手がかりを取り入れようと工夫しました。

家の玄関に「くつをそろえる」と絵カードを貼りましたが、まったく効果がありませんでした。療育センターの部屋の入り口は、靴を脱ぐ場所がわかるようにテープで囲いがしてあったことを思い出し、玄関の床にビニールテープで四角い枠を作りました。すると枠の中に靴をそろえるようになりました。視覚的な手がかりがあると「靴が大変」とか「靴、ちゃんとして」などのあいまいな言葉で注意しても伝わるようでした。

日々の生活や朝晩のスケジュール表も、作り直しました。字が読めるようになっていたので、細長く切ったマグネットシートに文字で「起《お》きる」「顔《かお》を洗《あら》う」「服《ふく》に着《き》替《が》える」「くつ下《した》をはく」など、細かく具体的に書きました。

私は、ひらがなを読むことが苦手で、子どもも同じ苦手があるかもしれないと考え、あえて漢字で書き、ふりがなをつけました。終わったら星型のマグネットをボードに貼ってチェックできるようにしました。

「さっさとしなさい、ほら服に着替えて、靴下はいて……」と細かく口で指示する代わりに、「ボードを見て自分でやろう」と声をかけるようにしました。

4歳の次男にはすぐに効果が出て、言われなくても自分で動くようになりました。しかし、肝心の長男にはいまひとつで、まったくないよりはマシかな……という程度でした。

あの時の長男には、まだ「絵」が必要でした。簡単でもいいから「絵」があれば、それを見て脳がパッと反応できたのに、私は「字が読めるから大丈夫だろう」と文字だけでスケジュールを作ったのです。この失敗に気づいたのは、長男が小学校の2年生になってからです。悪いことをしたな、と申し訳なく思います。

お話の聞き方

「何回、同じことを言われてもできない」

と長男が悩んでいたことを担任の先生に話すと、「最近、私も注意することが多いです」と保育園での様子を教えてくれました。

先生が何かを説明する時に、長男は思いついたことをしゃべり始め止まらなくなり、先生から「今はお話を聞く時ですよ」と注意されていました。同じことが何日も続いていたので、先生も気になっていたそうです。

先生から聞いたのだけど、と切り出せば、長男のプライドを傷つけてしまいそうで、なかなか保育園でのできことをうまく聞き出せずにいました。長男は、ストレスがたまると口の周りや唇をまっ赤にただれるくらい噛んでいました。「何か困ってない？」と聞いても「困ってない」としか答えませんでしたが、かなりストレスがたまっているのは口のただれでわかりました。

何とかいい方法はないかと考え、小さなノートに説明文を書いて、「もしも、困っていたら読んでね」とさりげなく長男に手渡しました。

先生《せんせい》の　お話《はなし》を　聞《き》く

ほいくえんで　工作《こうさく》をする時《とき》は、
先生《せんせい》が　説明《せつめい》　してくれます。
あたらしい　ゲームをする時《とき》も
先生《せんせい》が　ルールを　おしえてくれます。

先生《せんせい》が　みんなの前《まえ》で　お話《はなし》を
する時《とき》は　みんな　だまって聞《き》きます。
そうして　耳《みみ》をすまして　聞《き》くほうが
よく　わかるからです。
先生《せんせい》が　お話《はなし》をしている時《とき》には
おともだちと　おしゃべりしないで　聞《き》きます。
先生《せんせい》が　みんなの前《まえ》で　お話《はなし》をする
時《とき》に　おしゃべりしないで、しっかり
聞《き》くのは　良《よ》いことです。
先生《せんせい》の　お話《はなし》が　わからない時《とき》には
手《て》をあげて「わかりません」と言《い》います。
先生《せんせい》が　すぐ教《おし》えてくれる時《とき》もあるし
「ちょっとまってね」と　言《い》う時《とき》もあります。
「ちょっとまってね」と　言《い》われたら、
おしゃべりをしないで　先生《せんせい》が教《おし》えて
くれるまで　まっているとよいです。

長男に渡したノート

長男は、ノートを読んで「お母さん、オレの困っていたことはこれなんよ。よくわかったよ、ありがとう」と言ってくれました。長男に渡したノートの内容を、担任の先生にもお伝えして対応をお願いしました。その後、長男は先生から注意されることがなくなりました。

長男は先生のお話をしっかり聞く時と、自由に楽しく先生とおしゃべりをしていい時の区別がついていなかったのだと思います。

なめくじと遊びたい

次男は、なめくじが大好きです。ゴキブリは泣きわめいて逃げ回るほど大嫌いなのに、ヌルヌルしたなめくじは平気で手にのせて遊びます。

「オレ、なめくじ大好き！」

と宣言された時は驚きましたが、「かたつむりの殻が退化したものがなめくじ。殻があるだけでかわいいと言われるかたつむり。殻がないだけで気持ち悪がられるなめくじ。なめくじってかわいそうかもしれない」と考えました。

みんなが嫌うなめくじをかわいいと感じる次男が、ちょっと素敵に思え、とくになめくじと遊ぶことを禁止しませんでした。

数日後、長男が「お母さん、こいつは腕になめくじをつけたままで、ジャングルジムに登ったりして、みんながイヤがっとるよ」と教えてくれました。

次男に確認すると「みんなイヤがってないもん」と周りの様子が見えていないようでした。周囲の人の「え～」とか「うわ～」の声に含まれる不快な感情をくみ取れず、ただたんに驚いているだけと、次男は受け取っていたようです。

さすがに、これはまずい、でも「なめくじ禁止令」を出すのは、何かが違うような気がしました。

次男には、自分と自分以外の人は考えることや感じることが違うと知り、他の人の気持ちも自分の気持ちも同じように大切にしてほしい、と思いました。

そこで、あなたはなめくじ大好きでも、なめくじ大嫌いな人もいる。どちらも同じくらいに大事な気持ちだから、なめくじ大嫌いな人にイヤな思いをさせない工夫をしてみよう、と話しながら絵に描いて説明をしました。

翌日、私が書いた絵を園長先生に見せて「今度からこうやってなめくじと遊ぶんよ!」と説明していました。それからは、腕になめくじをつけたまま遊具で遊んだり、友だちになめくじを見せて回ったりせずに、花壇の周りでなめくじと遊ぶようになりました。

なめくじと遊ぶ時のルール

◎ なめくじと遊《あそ》ぶ時《とき》

なめくじ
だいすき
なめくじ
きもちわるい

キミの気持《きもち》ちと他《ほか》の人《ひと》の気持《きも》ちはちがいます。

キミは、なめくじが大好《だいす》きです。

お友《とも》だちや先生《せんせい》などの、他《ほか》の人《ひと》には

なめくじが大《だい》きらいという人《ひと》もいます。

「なめくじ大好《だいす》き」なキミの気持《きも》ちと

「なめくじ大《だい》きらい」な他《ほか》の人《ひと》の気持《きも》ち

どちらも、とても大切《たいせつ》です。

キミがなめくじと遊《あそ》びたい時《とき》、

「なめくじ大嫌《だいきら》い」な人《ひと》にイヤな思《おも》いを

させないで、キミが楽《たの》しく遊《あそ》べる

ように工夫《くふう》をしてみましょう。

キミの気持《きも》ちと

他《ほか》の人《ひと》の気持《きも》ち

両方《りょうほう》を大切《たいせつ》にするための工夫《くふう》です。

① なめくじと遊《あそ》ぶ

② なめくじを花《か》だんのもとの場所《ばしょ》にもどす

③ おともだちと遊《あそ》ぶ

① ② ③のじゅんばんに遊《あそ》びます。

お友だちと遊《あそ》んでいて

また なめくじと遊《あそ》びたくなったら

①からはじめて ①②③のじゅんばんに遊《あそ》びます。

① なめくじくんとあそぶ
② なめくじくんをもとのばしょへもどす
またあとであそぼうね
またね!
③ おともだちとあそぶ
のぼりぼう
ジャングルジム
てつぼう

予防注射をする理由

長男は大変な痛がりで、とても痛みに敏感な子どもです。そのため注射が大嫌いでした。大暴れで泣きわめき、隙あらば脱走、看護師さん2人と私の3人がかりで押さえつけていました。医師の顔にツバを吐きそうになり、あわてて口を押さえた手に噛みつかれたこともあります。本人もつらかったのだと思いますが、私にとっても憂鬱な予防接種でした。

小学校入学前には「麻しん」の予防接種を受けなければなりません。長男に心の準備ができるよう、「注射は痛いけど、受けなければいけないので辛抱してね」と早めに予告をしておきました。

すると、数日後に長男が、「注射は病気を治すためにするものじゃないの？　どうして元気な時に注射をしなくちゃいけないの？　もう何回もしたのに、どうしてまたしなくちゃいけないの？」とつぎつぎに疑問を投げかけてきました。

私はすぐに答えることができず、きちんと説明できないことを子どもに謝って調べておくから待ってほしいと頼みました。

それから、図鑑や予防接種の手引きなどを参考にして、子どもに理解できるようにお話を書きました。子どもたちに何かを伝える時には、それが事実であることがとても大切です。彼らは記憶力がいいので、適当にごまかすと、後々面倒くさいことになってしまいます。

そこで、私の主治医に「嘘を教えるといつまでも嘘つき呼ばわりされるので、間違いがないか確かめてもらえませんか」と、そのお話を読んでもらいました。

先生は、「少し不足する部分があるけれど、5～6歳の子どもに説明するには十分ですよ」と言ってくださり、安心して子どもに読ませることができました。

予防注射《よぼうちゅうしゃ》のお話

「予防《よぼう》」は　ふせぐという　意味《いみ》です。

予防注射《よぼうちゅうしゃ》は　病気《びょうき》を防《ふせ》ぐために　します。

病気《びょうき》を　治《なお》すためではありません。

だから　元気《げんき》な時《とき》に　します。

予防注射《よぼうちゅうしゃ》で　防《ふせ》ぐ病気《びょうき》はこわい病気《びょうき》です。

ふつうのカゼとはちがいます。

治《なお》らなくて　死《し》んでしまうこともあります。

人《ひと》から人《ひと》にうつってしまう　こわい病気《びょうき》です。
こわい病気《びょうき》にならないために
予防注射《よぼうちゅうしゃ》をするのです。

こわい病気《びょうき》をおこす　バイキンくんを
細菌《さいきん》や　ウイルスといいます。
細菌《さいきん》やウイルスは　たくさんの種類《しゅるい》があります。
細菌《さいきん》やウイルスの　種類《しゅるい》がちがうので
お薬《くすり》の種類《しゅるい》も　ちがいます。
お薬《くすり》の種類《しゅるい》が違うので、　何回《なんかい》も
注射《ちゅうしゃ》をしなくてはならないのです。
口《くち》や　鼻《はな》から　バイキンくんの　細菌《さいきん》や
ウイルスが　体《からだ》の中《なか》に入《はい》ってきます。
体《からだ》の中《なか》で　細菌《さいきん》やウイルスが
いっぱい増《ふ》えた時《とき》に　病気《びょうき》になります。
体《からだ》の中《なか》には　バイキンくんの　細菌《さいきん》やウイルスを

やっつけてくれる　正義《せいぎ》の味方《みかた》がいます。
予防注射《よぼうちゅうしゃ》のお薬《くすり》は　正義《せいぎ》の味方《みかた》を強《つよ》くしてくれます。
強《つよ》くなった正義《せいぎ》の味方《みかた》は
体《からだ》の中《なか》に入《はい》ってきた　バイキンくんの
細菌《さいきん》やウイルスを　すぐにやっつけてくれます。
病気《びょうき》になる前《まえ》に　やっつけてくれます。
予防注射《よぼうちゅうしゃ》をすると　病気《びょうき》を防《ふせ》ぐことができます。

当時、長男は6歳でしたが、生まれてはじめて泣きわめかずにおとなしく予防接種を受けることができました。

「泣かなかったでしょう」

と長男は誇らしげな顔をしていました。それまでは、注射で泣きわめく自分を「ダメな子」だと感じていたのかもしれません。「オレだって、泣かずに注射できるんだ！」。そんな自信を持てたのだと思います。

行事が苦手

卒園式の練習が始まると、長男の登園しぶりが始まりました。

「行事」が苦手なので、こうなることは予想していました。長男は「どうして卒園式をしなくちゃいけないの？」と卒園式の意味や意義がわからず戸惑っているようでした。プレッシャーをかけたくないし、支配的な指示もしたくない、長男にきちんと説明してやりたい、とお話を考えました。

卒園式《そつえんしき》のお話《はなし》

6歳《さい》になった子《こ》どもは、保育園《ほいくえん》や幼稚園《ようちえん》を卒園《そつえん》して小学校《しょうがっこう》へ入学《にゅうがく》します。
卒園式《そつえんしき》は、保育園《ほいくえん》とお別《わか》れの式《しき》で
お世話《せわ》になった先生《せんせい》に、ありがとうございましたと言《い》うための式《しき》です。
こんなに大《おお》きくなったよって見《み》てもらうための式《しき》です。
保育園児《ほいくえんじ》から小学生《しょうがくせい》になるため、けじめをつける式《しき》です。
保育園《ほいくえん》にさようならするための式《しき》です。

卒園式《そつえんしき》には、たくさんのお父《とう》さんやお母《かあ》さんが来《き》ます。
小学校《しょうがっこう》の校長先生《こうちょうせんせい》もお祝《いわ》いに来《き》てくれます。
みんなが「卒園おめでとう」とお祝《いわ》いに来《き》てくれます。
卒園式《そつえんしき》の練習《れんしゅう》を何度《なんど》もするのは、
本番《ほんばん》でドキドキしないようにするためです。
「卒園式《そつえんしき》イヤだ！」と暴《あば》れないように心《こころ》の準備《じゅんび》をするために練習《れんしゅう》します。
何度《なんど》も同じ練習《れんしゅう》をすると、ドキドキしなくなります。
しっかり心《こころ》の準備《じゅんび》をするために練習《れんしゅう》をします。
でも、がんばりすぎると、しんどくなります。
キミにできる精一杯《せいいっぱい》で努力《どりょく》をすればいいのです。
しんどくなったら、園長先生《えんちょうせんせい》のお部屋《へや》で休《やす》ませてもらえばいいのです。
それは、恥《は》ずかしいことではありません。堂々《どうどう》と休《やす》んでいいのです。
キミはキミにできる精一杯《せいいっぱい》で練習《れんしゅう》すればいいのです。
先生《せんせい》は、キミがしんどい時《とき》に助《たす》けてくれます。
お母《かあ》さんも、キミがしんどくない方法《ほうほう》を考《かんが》えます。
だから、しんどい時《とき》はしんどいと教《おし》えて下《くだ》さいね。

お話を書いてみたから聞いて、と長男の横に座って読みました。

「6歳になった子どもは、保育園や幼稚園を卒園して小学校へ入学します」

「何で?」

「えっ?」

「だから、何で6歳なん?」

出ばなをくじく思わぬツッコミに、プチパニック。ここでひるんではいけない、と私は頭の中の引き出しを全開にして、

「に、に、日本には教育基本法っていう法律があって、ほ、ほ、法律で、6歳になった子どもは小学校へいきます、と決められているから……(多分)」

と答えました。私の言葉に長男が「ふ~ん」とうなずいてくれたのでひと安心です。最後まで聞いてくれた長男は、お話を書いた紙を見ながら言いました。

「しんどいって言うタイミングが難しくてね」

そうだよね、それが言えたら苦労はないよね……。「休みたいですカード」を先生に渡したらどうかな? と言うと、それを見せるタイミングが難しいと首を振ります。

何につけてもタイミングをつかむのが難しいのです。けれども、限界が来てから「ぜんぶイヤ!」状態になるより、早めにSOSを発信できる方がいいはずです。「助けて」サインを出すことにも、練習が必要な長男でした。

その翌日、長男は布団から出てきません。まだ何か引っかかっているようです。卒園式の練習がイヤ、覚えることがいっぱいありすぎる、とグズグズ言うばかりです。

布団を引きはがすと、長男の目から涙がこぼれました。

「お母さん、オレはどうしてこうなん？　どうして、こんなにいろんなことをイヤだと思うん？」

胸を押しつぶされるような感覚で、言葉も出ませんでした。この子は、いろいろな行事のたびにイヤだと感じる自分を「ダメな子」だと思っていたのでしょうか。

（たった6歳の子どもが、どうしてこんな思いをしなくちゃいけないの？　どうしてこんなことで泣かなくちゃいけないの？）

私は自分の思いが怒りなのか悲しみなのか、わかりませんでした。でも、長男に、こんなことはたいしたことではないと教えたいと思ったのです。私は長男のおでこを小突きながら言いました。

「アホ！　つまらんことで泣くな！　私たちみたいなタイプはいつもと違うことが苦手、わからないことをこわいと感じる。それでもいいの。困らない工夫をすればいいの。キミは言葉で言われるだけじゃ覚えるのが苦手、でも目で見たら覚えられるでしょう。図鑑とか本で見たことはよく覚えてるよね。覚えられないことは先生に紙に書いてもらおうよ」

先生がダメって言うかも、と長男は心配していましたが、私は絶対に大丈夫だと言い切りました。でも、その日は「絶対に保育園に行かない」と長男が言い張るので、そっとしておきました。

少し心配でしたが、こういう経験も彼には必要だと割り切りました。

私には、何となく長男の不安の原因がわかりました。先生に大まかでいいので卒園式全体の流れを紙に書いて欲しい、とお願いをすると、先生はすぐにピンときた様子で言われました。

「なるほど、入場やお別れの言葉、証書の授与をコマ切れで練習していたから、全体像がつかめなくて不安になっていたんですね」

そして、あっという間に卒園式の流れを紙に書いて手渡してくれました。

「先生、ちゃんと書いてくれたよ！」と長男に紙を見せると、長男が私に説明をしてくれました。ひとつひとつの動作はしっかり覚えているようです。全体の流れがつかめない不安から、覚えられないと感じていたのかもしれません。

「何か、元気が出てきた！」

翌日からは元気に登園できました。

練習がイヤだ

数日後、長男はまた登園をしぶるようになりました。今度は、卒園式の練習中に座っているのがつらい、卒園式の意味も練習する理由もわかったけど練習がイヤだ、というのです。

チクチクボール（手のひら用のツボ刺激ボール）を持たせてもらったら？　耳栓をさせてもらっ

たら？　練習の後は園長先生のところへ行かせてもらったら？　私が何を言っても、長男は、あれもダメ、これもダメ、ああ言えばこう言うです。

「で、キミは結局のところ、卒園式に出たいの？　出たくないの？」

私の問いに、長男は、卒園式には出たいけど練習がイヤだ、と泣いています。

ここで無理強いはしたくない、けれども休んでいいよと言うのも何かが違う、私の中でモヤモヤする思いが、言葉になってあふれだしました。

キミは練習なしでドキドキせずに本番に出られるの？
みんなは練習して上手になるよね。
キミは休んでいたら今のままだよね。
卒園式に出たくないなら出なくていいよ。
でも、出たいなら練習がいるでしょう。
練習なしで出たいは通じないよ。
練習がしんどくないように、お母さんも先生も考えるよ。
でもね、キミのしんどいをゼロにはしてあげられない。
しんどいことを全部なしにはしてあげられないよ。
お母さんは、キミが楽になるように考えるよ。

でもキミは何を言ってもイヤ。
それじゃ、どうしようもできないよ。
保育園に行けるのはあと少しだよ。
休んだらイヤなことなしになるけど楽しいこともなしだよ。
よく考えてごらん。
今日、休んだとして、明日は、あさっては、その次はどうするの?
卒園式までずっと練習があるよ、ずっと休むの?
卒園式に出たくないいなら、それでもいいから
自分でよく考えなさい。

長男は、ふてくされた顔で私をにらみながら怒鳴りました。

わかったよ！　行けばいいんだろ！

パチンと私の中で何かがはじけて、思い切り声を荒げました。

違う、そうじゃない！　それじゃダメなの！

無理に連れていくことぐらい簡単なの！
引きずってでも連れていけるよ。

でも、それじゃ無理やり連れていかれたって思うでしょう。
イヤなことを無理やりやらされたって思うでしょう。
そういうイヤな思いをさせたくないの。
自分で決めるの、自分がどうしたいのか、自分で決める。
今日、休むことも、卒園式のことも、
自分で決めなさい！

卒園式まで、あと2週間。もし出たくないと言い張るなら、それでもいいと覚悟がありました。6歳の彼に保育園の卒園式が無理だったとしても、12歳の彼なら小学校の卒業式に出られるかもしれない、子どもは必ず成長する、私も先生も彼のためにできるだけのことをしたし、後は本人に任せていいと考えていたのです。

長男は、黙って着替え始めました。私は、子ども相手に本気でぶつかったことを悔やみました。

無言のまま朝食を終えると、子どもたちが先に外へ出ました。少し遅れて玄関を開くと、長男が「お母さ〜ん！　早く、早く！」と笑顔になっています。

彼はどうやって気持ちを立て直したのでしょう、ほんの少しの時間だったのに。

「本人が納得しなければ意味がない」と考えて行動する私は、「アスペルガー的こだわり」の姿そのものかもしれません。本人が納得していなくても、経験させることで学ぶという考えもあるかもしれませんが、「納得した自分の意思」がなかったら、「命令された」「無理強いされた」という不満しか残りません。自閉症スペクトラムを「忘れられない障害」と表現することがありますが、私の心の中には、適当なごまかしで連れて行かれ、無理強いされた時の不信感が、ずっと消えることなく残っています。

その後、かなりストレスはあったようで、イライラしたり押し入れに閉じこもったりしていましたが、長男は卒園式まで休みませんでした。

そして、迎えた卒園式。ひとりずつ順番に会場に入り自分の名前を言って席に座る、名前を呼ばれたら前に出て卒園証書を受け取る、お別れの言葉でみんなに挨拶する、あんなにイヤがっていたのに、そんな様子はまったく見られませんでした。

「卒園式が始まるまではドキドキして苦しかったよ。逃げ出したかったけど、やってみたら大丈夫だった！」

みんなとはちょっと違う工夫が必要だけれども、自分にできる精一杯の努力をした、そう言い切れるなら、どんな結果でも後悔はありません。はじめからできないと決めつけない、それを忘れずにいてほしいのです。

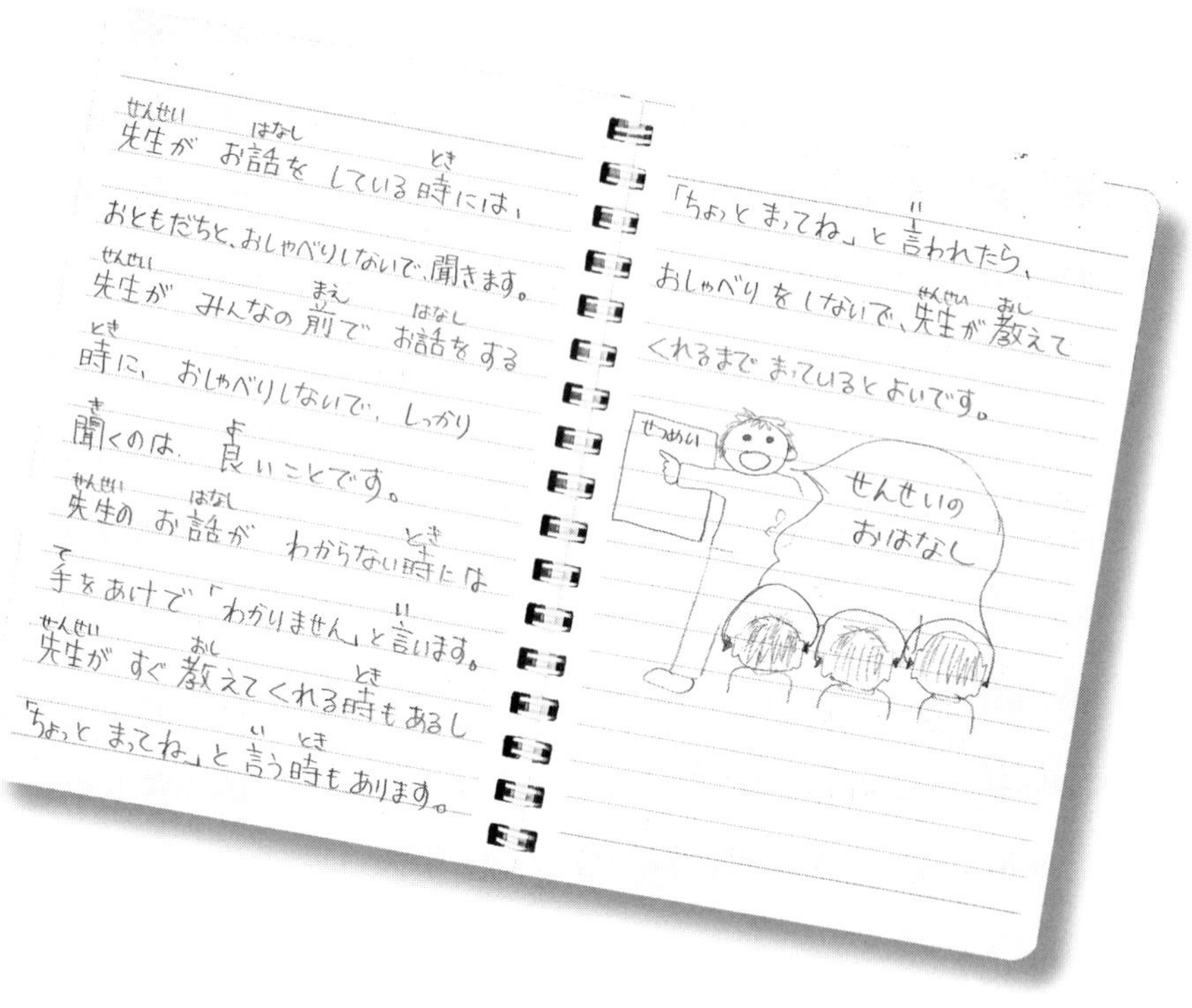
先生《せんせい》が お話《はなし》を している時《とき》には、
おともだちと、おしゃべりしないで、聞きます。
先生《せんせい》が みんなの前《まえ》で お話《はなし》をする
時《とき》に、おしゃべりしないで、しっかり
聞《き》くのは、良《よ》いことです。
先生《せんせい》の お話《はなし》が わからない時《とき》には
手《て》をあげて「わかりません」と言います。
先生《せんせい》が すぐ教《おし》えてくれる時《とき》もあるし
「ちょっと まってね」と言《い》う時《とき》もあります。

「ちょっとまってね」と言われたら、
おしゃべりをしないで、先生《せんせい》が教《おし》えて
くれるまで まっているとよいです。

4

私たちは脳のタイプが違うんです

特別支援学級でスタート

長男が小学校へあがる前に、通常学級か特別支援学級のどちらかに決めなければなりませんでした。人が多いことを苦痛に感じる長男に、いきなり通常学級は無理だろうと、私は考えていました。教育委員会の就学相談でもその方がいい、という話になり特別支援学級を選びました。

長男が通う小学校には、知的障害クラスの「ひまわり1組」と情緒障害クラスの「ひまわり2組」の2つの特別支援学級がありました。長男は「ひまわり2組」に在籍し、通常学級の一年一組で交流しながら、小学校生活をスタートすることになりました。

私は「人生の中で一番こわかったことは何か?」と問われれば、「小学校への入学」と答えます。1年生になるうれしさとか喜びとか、そういう感情は思い出せません。ただ、こわかった、ということしか思い出せないのです。どんな生活になるのか想像もつかない、そういう不安が強かったのだと思います。長男も私と同じように不安でいっぱいのようでした。

少しでも長男の不安を軽くしてやりたいと、入学前に何度か学校へ遊びに行かせてもらいました。校長先生は長男の手を引いて学校内を探検してくれました。図書室に入ると本が大好きな長男は、その本の量にとても驚き喜んでいました。校長先生が「本が好きか? 小学生になったら、ここにある本を借りて読めるようになるからね、借りた本は家で読めるよ」と小学校へあがる楽しみをプレゼントしてくれました。1年生になったら図書室に行ける、それをとても楽しみにしていました。

小学校側の配慮で、入学式の前日に体育館で予行演習をさせてもらいました。支援学級の先生と交流学級の先生に前もって会うことができ、長男は入学式を迎える心の準備ができたようでした。

予行演習が終わると、私は先生に「図書室はいつから行けますか？」と確認しました。その時の先生の「すぐに行けますよ」という言葉を、長男は「入学式が終わったらすぐに行ける」と解釈してしまいました。翌日の入学式、ときどき、手足をバタバタさせて落ち着かないように見えましたが、何とか無事に終わりました。そして、帰り際に長男が「図書室に行く」と言い出しました。「今日は無理ですよ」と先生に言われ、いったんはあきらめた長男ですが、校門を出ると「図書室に行きたかったよ〜、わ〜ん、わ〜ん」と大泣きです。

この微妙なズレを少しずつ理解してもらわなければ、と思いながら帰宅しました。

ぼくには障害があるの？

入学から1カ月、少しだけ落ち着きはじめた5月。下校指導の日に通学路にある公園まで迎えに出ました。うれしそうに駆け寄ってきた長男は、私の顔を見上げて言いました。

「お母さん、ひまわりは障害児学級って言うの？　障害って何？　ぼくには障害があるの？」

とっさに何と答えていいのか、わかりませんでした。どこで障害児学級という言葉を聞いてきたのだろう、と気が重くなりました。

「歩きながらお話するのは難しいな……。後でゆっくり話そうね。ちょっと説明が難しいから３日くらい待ってちょうだい」と待ってもらうことにしました。

長男は、このまま忘れてくれるような子どもではありません。少数派の思考回路を持つ小学１年生の子どもに、理解できる言葉で正しく誤解なく、そして何よりその心を傷つけないように伝えなければ、と「障害」と「ひまわり」について考えました。

私はいろいろな本を読んで、改めて「障害」について考えました。そして自分の頭の中を整理して、長男にお話を書きました。「障害」を悪いことや恥ずかしいことのように教えたくありませんでした。彼は、これから先もずっと、自分の「障害」と共に生きるのですから。


「障害《しょうがい》」

障害《しょうがい》っていうのはね、

「みんなと同《おな》じ事《こと》が

みんなと同《おな》じやり方《かた》で
出来《でき》なくて　少《すこ》し不便《ふべん》な事《こと》」です。
それは　恥《はず》かしい事《こと》でもないし
悲《かな》しい事《こと》でも　ありません。
足《あし》が不自由《ふじゆう》な人《ひと》は
車《くるま》イスや　杖《つえ》を使《つか》います。
目《め》が見《み》えない人《ひと》は　白《しろ》い杖《つえ》を使《つか》ったり
盲導犬《もうどうけん》の力《ちから》をかります。
耳《みみ》が　聞《き》こえない人《ひと》は　補聴器《ほちょうき》という
機械《きかい》を使《つか》ったり　手話《しゅわ》で　お話《はなし》をします。
障害《しょうがい》のある人《ひと》は、みんなより　不便《ふべん》だけど
いろんな工夫《くふう》をして　精一杯《せいいっぱい》に生《い》きています。
「ちょっと手伝《てつだ》って下《くだ》さい」と言《い》われたら
お手伝《てつだ》いしてあげて下《くだ》さいね。

ひまわり学級《がっきゅう》

「ひまわり」は、 たくさんの お友達《ともだち》のいる
クラスだけで お勉強《べんきょう》をするのが
難《むずか》しい 子《こ》どもたちの クラスです。
お兄《にい》ちゃんは いろんな音《おと》が
たくさん 聞《き》こえすぎて
1年《ねん》1組《くみ》に ずっといると しんどいです。
しんどい 場所《ばしょ》で ずっとガマンすると
体《からだ》の調子《ちょうし》も 心《こころ》の調子《ちょうし》も 悪《わる》くなります。
だから がんばれるときは 「1年《ねん》1組《くみ》」
ちょっと しんどいときは 「ひまわり」で
お勉強《べんきょう》をします。
先生《せんせい》も お母《かあ》さんも
お兄《にい》ちゃんが 楽《たの》しく お勉強《べんきょう》できる方法《ほうほう》を

考《かんが》えています。
お兄《にい》ちゃんが　つらい事《こと》や困《こま》った事《こと》は
がまんしないで　教《おし》えて下《くだ》さい。
一緒《いっしょ》に　よい方法《ほうほう》を考《かんが》えようね。

このお話を書いて、読み聞かせました。

長男は「オレは耳が聞こえすぎるからしんどいんだよな……」と納得した様子でした。

何の話？

1年生になってから、長男はよくおしゃべりをするようになりましたが、彼の話はつぎつぎに話題が変わるのでついていけません。私はちゃんと理解したくて、ついつい「それは何の話？」と聞き返していました。

ある日、長男が急に怒り出しました。

「お母さんがちゃんと聞いてないから何の話かわからないいんだ」

「他の人から『何の話?』って聞き返されたことないの?」と尋ねると、「ない!」と言い切ります。

そして「お母さんに聞く気がないだけだ! もう話はしないよ!」と長男はふてくされてしまいました。

冷静に、冷静に、と自分に言い聞かせながら、「そうじゃないよ、わかりたいからだよ」と言っても彼の心には届きません。長男はますます強硬になり「もう話さないって言ってる!」と私をにらみつけました。

私の中で何かがプツンと切れて、ブレーキが利かなくなりました。

「だれか私を止めてくれ!」状態です。

あのね、キミの話は通じてないのよ!
キミが楽しそうにおしゃべりをするから、
みんなは話がわからなくても
うん、うん、って聞いてくれてるだけなんだよ!
キミはそれを話が通じていると勘違いしているだけなの!

長男の目が大きく見開かれました。私の言葉は、長男の心をまっすぐに突き刺したのです。ボロボロと涙がこぼれ落ち、彼は両腕で交互に涙をぬぐい泣きじゃくりながら言いました。


知らんかった……みんな聞いてくれてるって……

ちゃんとわかって……くれてるって思って……

みんな……オレが楽しそうに話すから……

わからんのに、うん、うんって……聞いてくれてる……なんて……

知らんかった……。


それから、床につっ伏して動かなくなりました。

いくら腹が立ったからといって、わずか7歳の子どもにいきなり現実をつきつけるような言葉を、投げつけていい訳がありません。でも、ここまで来たらもう引き返せません。

私は、意地悪じゃないよ、本当に聞きたかったからだけど、聞き返されるのがイヤなら聞き返さない、と長男に言いました。

彼は、わかってもらえないなら話をする意味がない、とうつ伏せのままで首を横にふります。


人に伝わる話し方が大事なんだよ。

話を変える時は「ポケモンがね」とか「恐竜はね」って、

これから何の話をするのか、先に言った方がいいんだよ。
そういう、話し方だって練習がいるんだよ。
少しずつでも練習した方がいい、とお母さんは思うよ。

私の思いを正直に話しました。

翌朝、長男は布団から出てきません。「兄ちゃん、起きよう」と声をかけると「お母さん」と言って泣きながら抱きついてきました。

とても苦しかったのでしょう。

「知らなかった現実」を知り、「何も知らずにいた自分」に気づかされる、それは大人でもつらいことです。

私はアスペルガー症候群の診断を受けてから、何度も同じような経験をしました。「知らなかった現実」を知った時、「何も知らずにいた自分」をとても愚かで救いようのない存在に感じ、自分を消し去りたいくらいでした。でも、本当に消えてしまう訳にはいきません。

「よかった、今、気がついたから、子どもたちに教えてやることができる。ここで気づかなかったら、ずっと気づかなかったんだから、これでよかったんだ」と自分に言い聞かせ乗り越えてきたのです。

どれほどつらいことかわかっているのに感情的になって、たった7歳の子どもの心を傷つけてしまい、ただ後悔するばかりでした。

長男を膝の上で抱っこしながら、「ごめんね、きつかったよね、大人になるまでに一緒にゆっくり練習しよう」と長男の耳元でささやきました。

長男は黙ってうなずき、いつもの朝が始まりました。

その後、長男はいろいろ考えながら話をするようになりました。私が「はい？」と聞き返す前に「あっ、ドラえもんがね」とか「図鑑で見たんだけどね」と、おしゃべりの前に前おきを添えるようになったのです。

長男の素直な姿は「この子は大丈夫、絶対に大丈夫」と私に確信を持たせてくれました。

かんしゃく

小さい時からよくかんしゃくを起こす次男でしたが、保育園の年長クラスになっても相変わらずです。汗びっしょりで声がかすれてしまうまで泣きわめき、その間は何を言っても彼の耳には聞こえません。けれども、放っておかれるのも面白くないのか、大泣きをしながらまとわりついてくるので、私もヘトヘトでした。

ある時、30分も40分も泣きわめき暴れ続ける次男を抱きかかえて押さえこみました。

「落ち着いて、ゆっくりでいいから、どうしたい？　どうしてほしい？　言葉で話そう、ちゃんと聞くから、落ち着いて」

次男は泣きながら私の言葉に必死で答えようとしていました。

彼の思いを言葉にして、その口から吐き出すまでに、とても長い時間が必要でした。

オレは……オレは……

ただ……オレの言うことを……

オレの気持ちを……

お母さんに……お母さんに……

わかって……わかってほしいだけ……

次男がかんしゃくを起こすと私まで感情的になってしまい、彼の心をくみ取ることまで思いが至りませんでした。それまで一度も、私は彼の心に寄り添うような言葉をかけてやったことがなかったのです。「そんなに怒らないで」とか「また今度○○してあげるから」とか、的外れな言葉ばかりでした。

かんしゃくを起こすきっかけは、次男の勝手な思い込みや心づもりが崩れてしまったことなのですが、それは些細なことで、じつは「お母さんはちっともわかってくれない」と次男に思わせる私の態度が問題でした。

次男の「つらい気持ちをわかってもらえない悔しさ」や「わかってほしい人に伝わらないもどかしさ」が大きくふくらみ、はげしいパニック状態へ追い込んでいたのです。

それからは「イヤな気持ちになったのね」とか「バカにされた気がしてくやしかったのね」と本人の気持ちを言葉で代弁し、あなたのつらい気持ちはお母さんにもわかっているよ、と伝わるような接し方を心がけました。少しずつですが、泣きわめく時間が短くなり回数も減りました。

次男が小学2年生になった時、かんしゃくを起こし、どうにもならない苦しさを話してくれました。

自分でもどうしようもなくて、
だれかにどうにかしてほしいけど、
どうにもならないくらいに苦しい。
そんな時は自分をコントロールできない
ダメな子って悲しくなる。

周りが困っている以上に本人は苦しんでいるし困っています。そして、自分をダメな子だと責めています。子どもの心に寄り添い少しでもつらさを軽くしてやりたい、と思いました。

脳のタイプが違うんだよ

納得いかないことがたくさんある次男に、「適当なごまかし」は通用しません。その姿は私の子どもの頃にそっくりです。私も、ちゃんと教えてほしかったのです。だから、私にわからないことは「お母さんにもわからない」とはっきり言い、わかることは私なりの理解をイラストにしたり文章にしたりして説明しました。そして最後は「みんなは、あまり気にしてないから……」と終わらせていました。

しかし、それをくり返すうちに、次男は

「どうして、みんな気にしないの？　そんなのおかしい！」

と怒るようになりました。これには、どう対処しようかと悩みいろいろ考えました。

私は長男と次男に「とても大事な話です、お友だちに話さないと約束してください」と切り出して、脳のタイプが違うという説明をしました。

私たちは100人《にん》のうちの1人《ひとり》か2人《ふたり》の脳《のう》タイプで、みんなと少《すこ》しだけ違《ちが》います。

私《わたし》たちは細《こま》かく分《わ》けるのが得意《とくい》、
みんなは大《おお》まかなグループ分《わ》けが得意《とくい》、
だから細《こま》かいことが気《き》にならない。
どちらが「いい」とか「悪《わる》い」とかではなくて違《ちが》うだけです。
でも、みんなにイヤなことが私《わたし》たちには平気《へいき》だったり、
私《わたし》たちにイヤなことがみんなには平気《へいき》だったりするから、
何《なに》が違《ちが》うのかは、知《し》っておいた方《ほう》がいいと思《おも》う。
お母《かあ》さんは、そういうことを大人《おとな》になるまでに
ゆっくり勉強《べんきょう》してほしいです。
そういう理由《りゆう》で、こんな時《とき》はこうしようとか、
注意《ちゅうい》することが多《おお》かったのだけど、
便利《べんり》に生《い》きるために、ゆっくりでいいから、
これからも一緒《いっしょ》に勉強《べんきょう》していこう。
これはとても大事《だいじ》な話《はなし》だから、
お友《とも》だちには話《はな》さないで下《くだ》さい。
家族《かぞく》だけの秘密《ひみつ》の話《はなし》です。

最後に私は固く口止めをしました。

この時、口止めをしたのは、少数派であることが、隠さなくてはいけない恥ずかしいことだからではありません。子どもには、話した方がいい人と話さない方がいい人、本当に自分を大切に思ってくれる人とそうでない人の区別ができない、と考えたからです。

残念なことですが、世の中には偏見や誤解が横行しています。中途半端に「あの人はいいけど、この人はダメ」と指示したら逆に混乱してしまうので、この時点では「だれにも話さないで」と全面的に口止めをしました。

子どもがどこまで理解してくれたかはわかりませんでしたが、彼らなりに納得し約束も守ってくれていたようです。

この話をしてから、子どもたちは「あなたはイヤだと思っても、みんなは好きなんだよ」とか「あなたは平気でも、みんなはイヤなんだよ」という「違い」の説明を、抵抗なく聞いてくれるようになりました。

漢字が書けない

「一を右から書くのか左から書くのかわからない」

漢字が書けない、と泣き出す長男の言葉を聞いた時、私は頭の中がまっ白になってしまい、何と声をかければいいのかわかりませんでした。

長男は本が大好きです。保育園の年長クラスの時に、ひらがなが読めるようになると、教えてもいないのに漢字が読めるようになりました。でも、文字を書くことを極端にイヤがっていました。文字を書かせると鏡文字になることが多くありました。ディスクレシアを併発しているのでは？と思っていたのですが、予感的中です。

「オレはバカなんだ、だから『く』だって反対になるし、漢字も覚えられんし、ぜんぜん書けんのんじゃ」

「バカじゃないよ、漢字を読むのは得意でしょう、書くのが苦手なだけ、バカじゃない」

と長男の背中をさすってやりました。

それから、例外もあるけど漢字の横線は左から右、縦線は上から下に書くのが基本であることと、担任の先生に相談してよい勉強方法を探そうね、と言い聞かせました。

長男には「大丈夫だよ」と言ったものの、内心は「どうしよう」と不安でいっぱいでした。知人が「字が読めるならいいじゃない、どんどん好きな本を読ませてあげたらいいよ。大人向けの本でも専門書でも本人が読みたがる本をどんどん読ませたらいいよ。本人が欲している時はどんどん吸収して成長するから、得意なことを伸ばしてあげる方がいいよ」とアドバイスしてくれました。

その後、テレビで読み書きに困難がある人が得意な分野で才能を開花させ、世界中で活躍していることを知りました。

恐竜研究の第一人者、モンタナ州立大学のジャック・ホーナー博士は、どんなに小さな骨の化石でもパッと一目見ただけで、どの部分なのかわかり、地中に埋まった化石から立体的なイメージを造り上げることができるということでした。化石の発掘現場に立つと、地層や岩の様子から何万年も前の地形を映像としてイメージできるそうです。でも、文章を読むのが難しいため、学生の論文を1文字ずつパソコンに入力し、音声変換させて聞いていました。

また、「読み」だけでなく「書き」にも困難を抱えたある日本人の青年は、図形や空間を頭の中で自由に操れる力を持っていました。彼は、高校からイギリスへ留学しその優れた能力を活かして建築デザイナーとして活躍しています。イギリスには、読み書きの困難に適した指導を受けられる高校があるそうです。

日本の学校で、「読み書き」の困難に対して、専門的な指導を受けられるケースは少ないようです。現実の問題として、「読み書き」に困難があると学校生活は大変つらいものになってしまいます。ディスレクシアの子どもの困難さを軽減し優れた能力を開花させる指導が、どこに住んでいても受けられるようになってほしいと思っています。

読み書きの課題

苦手がある人には必ず得意なことがある、きっと、長男にも何か得意なことがある、そう信じて焦らないことにしました（決してあきらめた訳ではありません）。

漢字を書けない原因が脳の問題ならば、ひたすら書いて練習すれば覚えられるというものではありません。何が難しいのかな、どこを補えば楽になれるのかな、そう考えながら長男を見ていると、書く困難さの原因はひとつではないとわかりました。

長男の場合、目で見た文字を書き写す力（認識した形を再現する力）が弱いだけでなく、鉛筆を持つ指や腕の動かし方などの体を動かす不器用さ、体を支えて姿勢をたもつ筋力の弱さ、書く時に文字を思い出せない困難さなど、複数の原因が絡んでいるようでした。けれども、漢字を目で見て読むこと、「読み」にはまったく困難がなく、むしろ優れているようです（声に出す音読はイヤがります）。

次男は小学2年生になってから、字を書くことをイヤがるようになりました。指先に集中して力を入れてないと鉛筆を持てないため、強い筆圧になりすぐに疲れてしまい、指先の力を抜くとミミズのはったような文字になります。目で見た文字を正しく書き写せても、文字が記憶に残りにくいようです。次男は文字を読むことや文章を理解する「読み」にも、難しさを感じていました。

表面的には同じように字を書くことをイヤがっていても、２人がそれぞれに抱えている課題は、まったく違っているのです。

少しでも子どもたちが苦しくない方法で練習できるよう、教材や鉛筆の持ち方補助グッズを探しました。字が書けない、とあきらめる前にできるかぎりの方法を試そうと思います。

自分は精一杯やったと言い切れる努力をして、それでも無理ならその時は、現実を潔く受け入れ、別の工夫を考えたらいい、「精一杯の努力」は私のこだわりかもしれません。

私は、ひらがなやカタカナより、ひとつひとつの文字に意味がある漢字の方が好きです。１年生の教科書のような、かなだけの文章をよく読み間違えます。どこで区切ればいいのか、わからなくなってしまうのです（漢字が入ると区切りもわかるし、漢字の読みがわからなくても意味をくみ取ることができます）。

漢字が得意という訳ではありませんが、漢字の成り立ちを知ると幸せな気分になれます。書くことが苦手でも、子どもたちにも漢字の面白さを知って、漢字を好きになってほしいと思います。

そこで、漢字の成り立ちや元になっている象形文字などがわかる教材を購入しました。理屈好きの子どもたちは、漢字のうんちくを楽しんでいます。

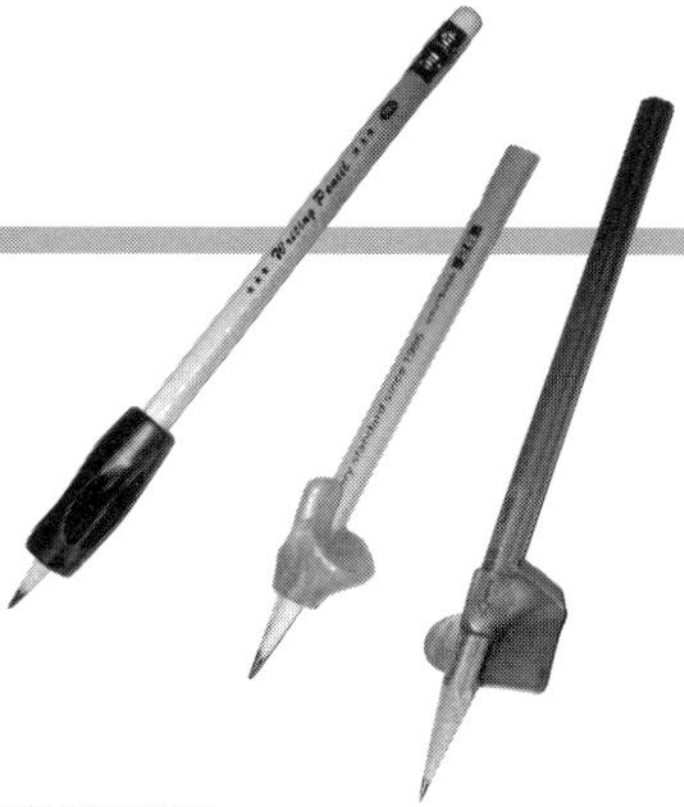

鉛筆の持ち方補助グッズ

左から、「プニュグリップ」「もちかたくん（ステップ2）」「もちかたくん（ステップ1）」。子どもは「プニュグリップ」がお気に入り。私は、大人になってから「もちかたくん」で鉛筆が正しく持てるようになった。

斜面台

書きやすいよう個人で用意した斜面台を学校で使わせてもらっている。
先生はクラスの子どもたちに「メガネと同じようなもの、目の悪い人はメガネがないと不便、あると普通にできる。斜面台があると字を書きやすくなるなら、使えばいいよね」と説明してくれた。
自宅でも斜面台を使っている。

漢字と書くことのおもしろさを知るための教材

左から、『考える力を育てる天才ドリル』（認知工学編・ディスカヴァー・トゥエンティワン）、『下村式唱えておぼえる漢字の本 1年生』（下村昇著・偕成社）、『漢字がたのしくなる本』教具シリーズ（太郎次郎社）。
算数教材「天才ドリル」の図形の点描写は、視写や運筆の練習になった。

失敗しても大丈夫

長男は、小学校1年生最後の校外学習でとてもステキな経験をしました。学校で事前に切符の買い方などの練習をさせてもらい、学習のしおりにはスケジュールを書き込み、持ち物チェックもして、準備万端でその日を迎えました。

当日の朝、「ドキドキする」と落ち着かない長男に「いっぱい失敗しておいでね」と声をかけると、お母さんは意地悪だと怒り出しました。

私は、ひとりの時に失敗して困るより、その時にどうしたらいいかを教えてくれる先生が一緒の時に失敗する方がいい。失敗した時にどうしたらいいかは失敗しないと勉強できない、だから今日は安心して失敗できるチャンスだ、と話しました。

長男が「たとえばどんな失敗?」と聞くので、切符を買い間違えるとか迷子になるとかいろいろあるけど、とにかくケガしないで元気で帰ってきてね、と送り出しました。

午後、予定より少し遅めでしたが、バタバタ走る足音と共に長男が帰ってきました。ドアを開けるなり「お母さん、失敗したよ、切符を間違えた!」と元気いっぱいの失敗報告です。あんまり元気がいいので思わず「わざと間違えたの?」と聞き返してしまいました。

ゆっくり話を聞くと、券売機の表示が練習の時と違っていたので、本当に間違えてしまい、払い戻しをして買い直したそうです。

私はとてもうれしくて、「先生にちゃんと教えてもらえてよかったね、今度切符を買い間違えた時には困らないね、いい勉強できてよかったね」と長男の頭をヨシヨシとなでました。長男も「うん、よかったよ」とうれしそうでした。

だれでも失敗はイヤなものですが、つらい体験ばかりが記憶に残りやすい私たちのようなタイプは、とくに失敗を恐れる人が多いようです。私も失敗したらどうしよう、と不安になることがよくあります。私は失敗をとても「悪いこと」のように思っていましたが、少し視点を変えると、失敗にも成功と同じくらいの価値があるとわかりました。

自信を持って行動するためには、何度も練習してうまくできた成功体験がとても大事ですが、それと同じくらいに失敗しても大丈夫だった経験も必要なのではないでしょうか。

「失敗にどう対処するか」「失敗をどう乗り越えるか」。それらは失敗しなければ学ぶことができないのです。失敗を失敗のままで終わらせて、「また、がんばればいい」と言われても、次にチャレンジする勇気は出せません。失敗に対処する方法を学べたのなら、それは立派な成功体験です。大切なのは同じ失敗をくり返さないことです。

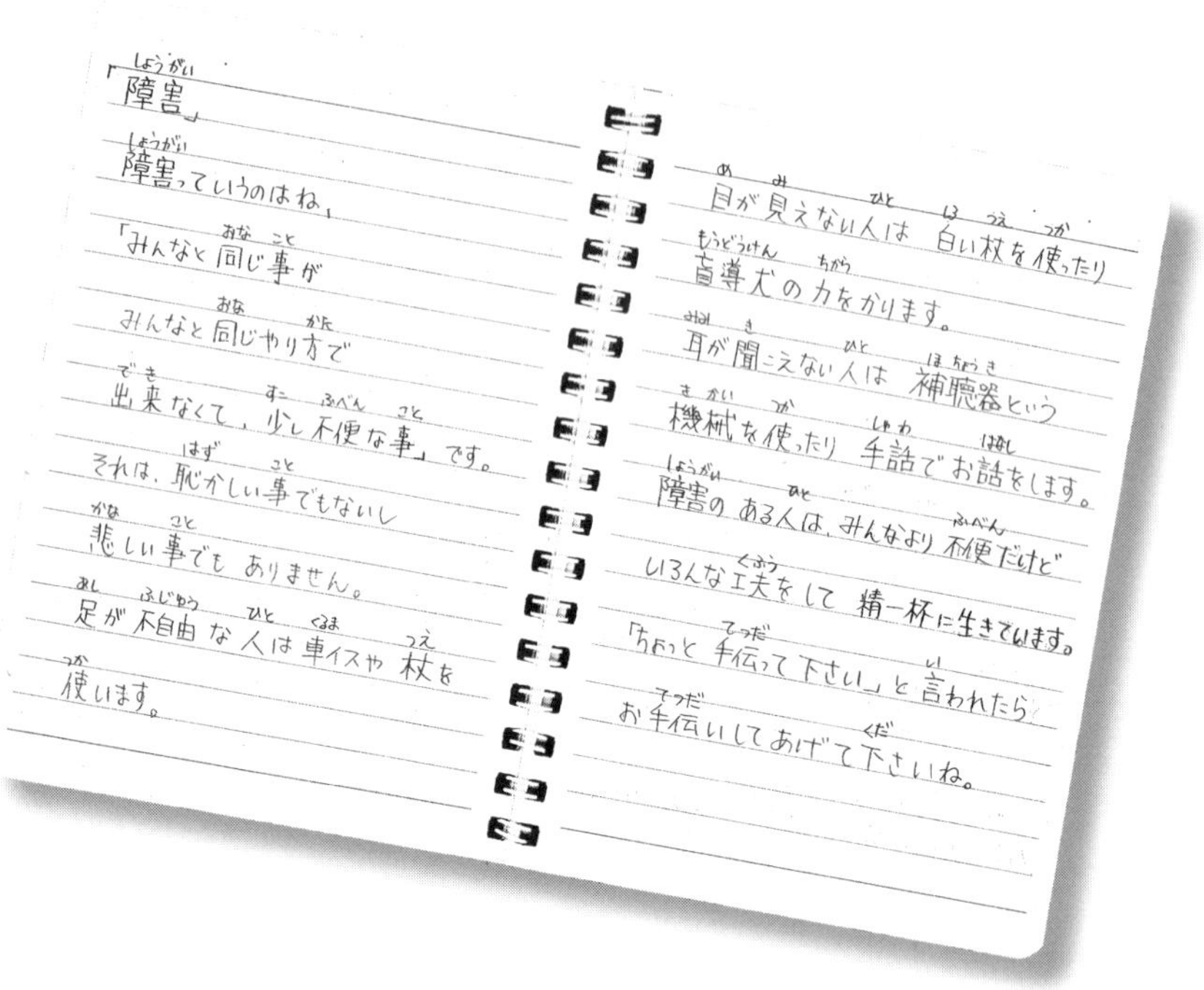
「障害《しょうがい》」
障害《しょうがい》っていうのはね、
「みんなと同《おな》じ事《こと》が
みんなと同《おな》じやり方《かた》で
出来《でき》なくて、少《すこ》し不便《ふべん》な事《こと》」です。
それは、恥《はず》かしい事《こと》でもないし
悲《かな》しい事《こと》でもありません。
足《あし》が不自由《ふじゆう》な人《ひと》は車《くるま》イスや杖《つえ》を
使《つか》います。
目《め》が見《み》えない人《ひと》は白《しろ》い杖《つえ》を使《つか》ったり
盲導犬《もうどうけん》の力《ちから》をかります。
耳《みみ》が聞《き》こえない人《ひと》は補聴器《ほちょうき》という
機械《きかい》を使《つか》ったり手話《しゅわ》でお話《はなし》をします。
障害《しょうがい》のある人《ひと》は、みんなより不便《ふべん》だけど
いろんな工夫《くふう》をして精一杯に生きています。
「ちょっと手伝《てつだ》って下さい」と言《い》われたら
お手伝《てつだ》いしてあげて下《くだ》さいね。

5

私たちのことを知ってください

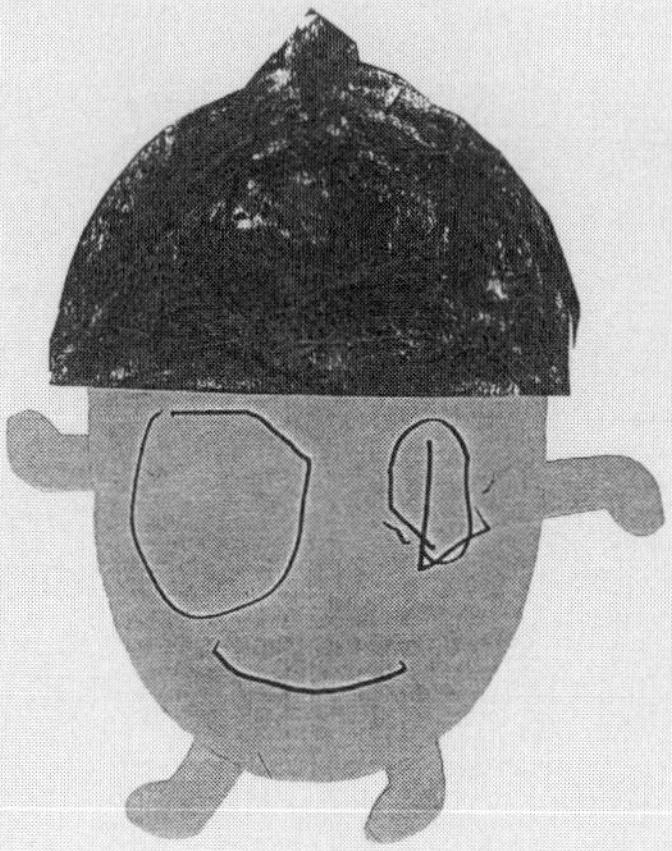

次男の就学相談

知能検査では非常に高い数値をはじき出してしまう次男は、知識も語彙も豊富で支援が必要な子どもではなく「賢いよい子」に見えていました。しかし、私には「この子は接し方が難しい」と感じることが多くあり、通常学級では難しいのではないかと考えていました。

数字では評価できない能力の未熟さを、人に伝えるのはとても難しいことでした。IQの数値が困難さを覆い隠してしまいます。教育委員会の就学相談でも、小学校の校長先生にお会いしても、強く通常学級を勧められました。通常学級で無理だったら、いつでも特別支援学級に変われるのだから、通常学級でスタートさせた方がいいと、言われました。

私は、この考え方を受け入れることができませんでした。通常学級が無理、とわかるまでに、子どもがどれほどつらい思いをするのか、それを想像すると胸が締めつけられました。でも、通常学級でやっていけるのに特別支援学級を選べば、それは「過保護だ」ということになってしまいます。教育委員会や校長先生は、それを懸念されていたのだと思います。

次男に与えられた選択肢は、通常学級か特別支援学級の2つしかありませんでした。支援が必要な子どもには、通常学級に在籍して通級指導教室[*1]で指導を受けるという方法がありますが、通級指導教室は満杯で、もっと支援が必要な子どもが順番を待っている、という理由で断られました。

次男の就学に悩んだ私は、小学校の敷地内に入れなくなってしまい、就学時健診にも入学説明会にも行けませんでした。

親の会などでいろいろな話を聞き、あらためて発達障害についての本を読みあさり、2月の終わりには「特別支援学級でスタートさせてください」と教育委員会に申し出ました。

もしも、通常学級の方がよければ、それはその時に考えよう、何カ月も悩み続けた私の心はスッキリ快晴になったようでした。

*1 **通級指導教室**：通常の学級に在籍している障害のある児童・生徒に対して週8時間を限度に個々の教育的ニーズに応じた指導をおこなう教室。

私のパニック

次男の就学問題がひと段落つくと、私の心の糸はプツンと切れ、ひどいうつ状態に陥ってしまいました。うつ状態になった時には、服薬だけでなく休養をとることが必要です。けれども、次男の卒園式、入学に向けての準備、入学式と続くため、ゆっくり休養できる状況ではありません。気力を振り絞って立ち向かうために、薬だけが頼みの綱でした。

次男の卒園式の数日前、長男、次男、私の順に、嘔吐下痢症にかかってしまいました。私は、ひどい嘔吐をくり返し、発熱と頭痛で寝込んでしまったのです。あまりにも苦しくて内科を受診する気力もありません。精神科で処方される薬を急に止めるのは、あまりよいことではないのですが、飲んでもすぐに吐いてしまい、その時はどうしようもありませんでした。

嘔吐がおさまり少し食事がとれるようになった時、私はおかしな考えにとらわれていました。

「このまま一生、私は薬を飲み続けなくてはいけないのだろうか」

「薬を止めたら私はどうなるのか」

「もう薬を止めてしまおう」

そして、体調が回復した後も服薬を再開しなかったのです。

これまでのことを思い返し、卒園式の前日からは薬を飲み始めましたが、すでに手遅れでした。

卒園式の当日、子どもたちは控室に入り、私は次男とわかれて会場へ入りました。その時、私は自分がどこに座ればいいのかわかりませんでした。イスに名前を書いた紙が貼ってあったそうですが、私の脳ミソはその紙を認識できなかったのです。他の保護者の方に聞けばわかることなのに、自分がどうすればいいのかわからなくなりました。

ここにいられない！　私はここにいられない！

急に激しい不安が襲いかかってきました。引きとめる先生の手を振り払い、会場を飛び出しました。私は裸足で、逃げるようにして自宅に戻っていました。来賓で来られていた地域の方が迎えに来てくれましたが、「もう、私にかまわないで、私のことは放っておいて！　帰って、帰ってよ！」

と叫んでしまいました。

私は服を脱ぎ捨てて毛布にくるまり、部屋の隅でうずくまっていました。


何で、何で、こんな日に、こんなことになるの？

子どもの卒園式に出られない母親なんて……

パニックを起こしてしまうなんて……

最低……最悪……

変な考えを起こして薬を飲まなかったのがパニックの原因？

何で私はこうなの？


自分が情けなくて悔しくて泣くことしかできませんでした。

頓服で飲んだ薬が効いたのか、私はいつの間にか眠っていました。

学校から帰った長男に卒園式に出られなかったことを話すと、

「お母さん……」

と、長男は言葉を失い、私のそばに座り込みました。でも、しばらくすると「大丈夫？　お母さんは大丈夫？　あいつはきっとわかってくれるよ、大丈夫だよ」と私の背中をポンポンとたたいて励ましてくれました。

夕方、保育園に次男を迎えに行きました。先生方に「ご迷惑をおかけしました」と頭を下げした。次男に「ごめんね」と謝ると「いいよ、体の調子が悪かったんでしょう、もう大丈夫？」と、私を気遣ってくれました。

本当はつらかったはずなのに、お母さんがいないのはさみしかったはずなのに、一言も私を責めずにいてくれました。私が子どもを育てているつもりでも、本当は子どもが私を育ててくれているようです。

「みんな仲よく」はできない

次男の小学校生活は順調にスタートしたように見えましたが、入学から2カ月ほど経ったある日、「もう、オレは学校へ行けない」と言ってしくしく泣き出しました。

何の理由もなく、そんなことを言い出す訳がありません。ゆっくり、次男から事情を聞きました。

特別支援学級の先生がおっしゃった「ひまわりのお友だちは、みんな仲よくします」という言葉を、次男は「みんなのことを大好きになって仲よくしなければいけない」と受け取っていました。

次男には、どうしてもウマが合わないクラスメイトがいて、その子のことを好きになれないから、もう自分は学校へ行けない、と思い込んでしまったのです。

私は、子どもたちに本当のこと（「本音と建前」）を教えてやらないと、これから先も、ずっと、何でも真に受けてつらい思いをしてしまう、と考えました。「本音と建前」を見分けるのは少数派の子どもにはとても難しいことなのです。それをできるようになれというのは、ペンギンに「お前も鳥なら空を飛べ！」と無理難題を押しつけるようなものです。

私は次男につぎのような説明をしました。

先生が言う『仲よく』は
「とりあえずケンカをするな」という意味です。

「大嫌いな人を大好きになれ」という意味ではありません。

だれにでも嫌いな人の1人や2人はいるものです。

大人にだって嫌いな人はいます。いてもいいんです。

でも、嫌いだからといって、無視をしたり、
意地悪をしたりするのは、バツです、いけません。

とりあえずケンカをしないで、適当につき合えるような練習をしていけばいい、とお母さんは思います。

無理に好きになれなくてもいいんです。

ただ、自分がだれかを嫌いってことは自分もだれかに嫌われるかもしれないってこと、それは、覚えておいてね。

適当につき合うって、難しいことだと思うけど、
大人になるまでに、できるようになると便利。

ゆっくり練習をしていけば大丈夫。

先生にも相談してみよう。


うん、うん、と聞いていた次男ですが、先生に相談するのはカッコ悪いからイヤだ、と言い張っていました。すると、長男が「オレなら相談するけどな……」と独り言のようにつぶやきました。

それを聞いた次男は、先生に相談してみようかな、という気持ちになったようです。

夕方、先生へ電話をして、次男の困った感や家庭でのやり取りを伝えました。

先生は「そんなことで学校へ行けないと思ってしまうの?」と、不思議に思われたかもしれません。

何で叱られるの?

1年生の終わり頃だったと思います。「悪いことをしていないのに、先生から叱られた」と次男はとても腹を立てて帰ってきました。何もしてないのに叱られた訳ではないだろうと思いましたが、本人はなぜ叱られたのかまったく見当がつかない様子です。

要領を得ない次男の話を整理し、確認しながら聞くと、クラスの友だちが先生から叱られている時に、次男が2人の間を走り抜け、どなられたそうです。

次男には次男の言い分がありました。

「先生とお友だちの向こう側にあるロッカーにランドセルを取りに行こうとした。2人が真剣な話をしているので邪魔をしてはいけないと思い、ドキドキしながら精一杯にタイミングを見計らって2人の距離が開いた瞬間に大急ぎで通ったのに、いきなり先生から怒鳴られた」

ランドセルがあるロッカーまでの最短距離上に立ちはだかる2人。話の邪魔にならないように、少しよけて通るという方法が、彼には思いつかなかったのです。

適切な行動ではなかったけど、彼なりに気遣いをした結果です。その思いを大人に受け止めてもらえなければ、大人の言葉を聞く耳を持てません。

「一般的にはよけて通る」ということを、何とかわかってほしいと思いました。

「あなたなりに考えて行動したのに、いきなり叱られて悲しかったね」と言葉をかけ、「でも、つぎに同じようなことがあった時、どうしたらいいか考えてみよう」と長男も交えてその場面を再現しました。

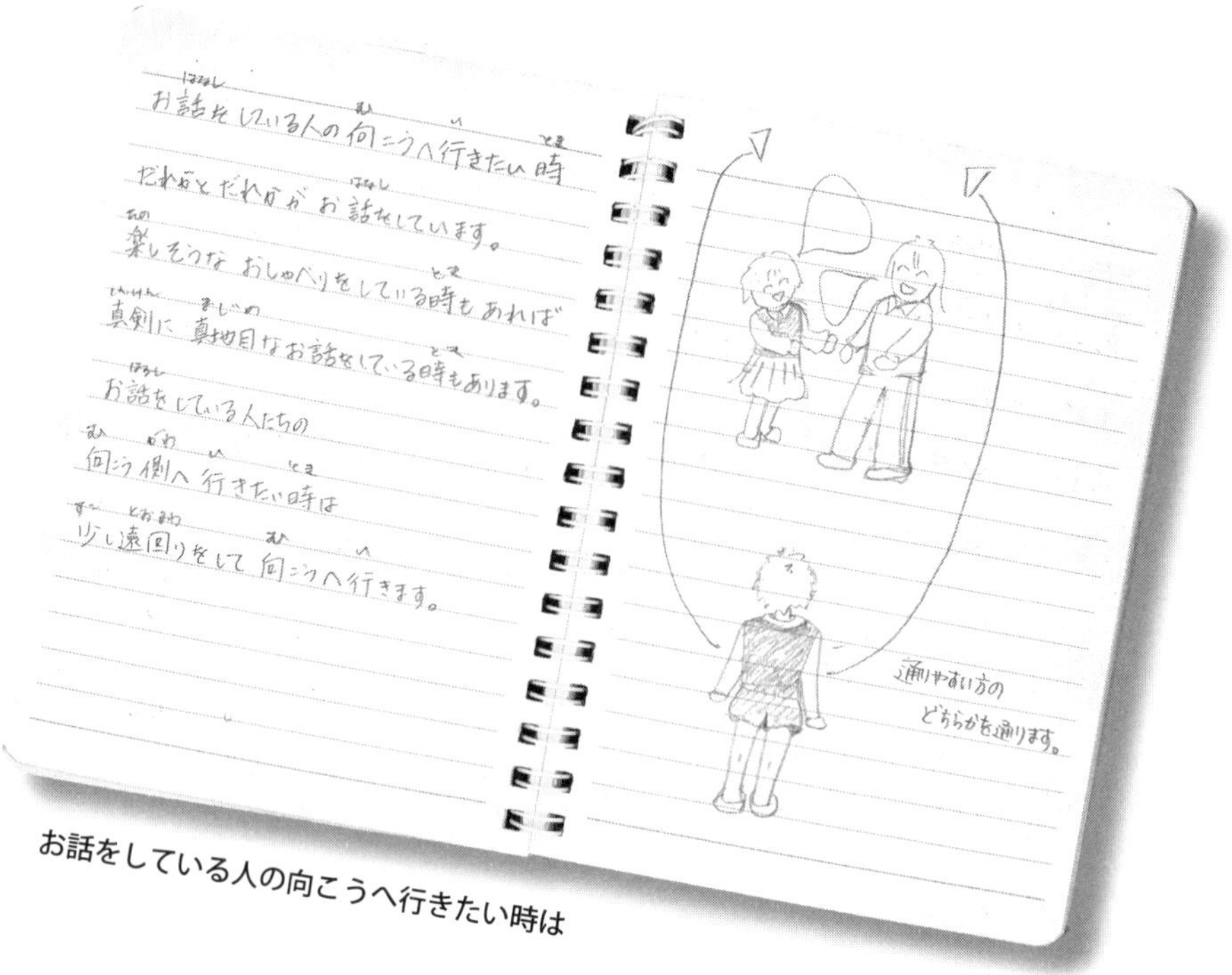

お話をしている人の向こうへ行きたい時は

私と次男が話している間を長男に走り抜けてもらいました。

「話をしている人の間を走り抜けると、話の邪魔になるでしょ。だから失礼にあたるのよ。少し遠回りをしてでも、よけて通った方がいいね。狭い場所でどうしても通れない時は、『ちょっと、ごめんなさい』と声をかけて通らせてもらうようにした方がいい、とお母さんは思うよ」

と、注意された理由と次からどうすればいいのかを説明しました。

帰宅した時には逆ギレ状態の次男でしたが、納得して落ち着きました。この時のことは、簡単なイラストをつけてノートに書いておきました。ときどき、彼はノートを取り出して読んでいるようです。

先生にも、次男の「わからん」を知って

ほしいと思い、子どもとのやり取りを伝えました。

「今さらなんですが……お母さんが必死で、この子には支援が必要なんです、と言われていた理由がやっとわかってきました」と特別支援学級担任の先生が言われました。

何の障害もないように見える次男が抱える困難さ、それはすぐに理解してもらえません。それでも、あきらめずに伝えていけば少しずつでも理解してもらえるようになると思います。

アスペルガー症候群って何？

私の背後に忍び寄り、

「アスペルガー症候群って何？」

と2年生の長男はいきなり私に話しかけてきました。パソコンで作業をしている時、急に話しかけられたことに驚きましたが、質問自体には心の準備ができていました。彼が保育園の時、ごまかしてしまった経験があったからです。

長男は、ひらがなやカタカナを読めるようになると「アスペルガーって何？」と聞いてきました。いきなりの質問に、私は思考停止のフリーズ状態になりました。何とか頭の中の「アスペルガー」情報を探し出し、やっとのことで長男に言いました。

「人の名前」

「だれ？　それ？」

「お医者さんよ、オーストリアの」

「かっこいいん？」

「知らん……」

「好きなん？」

「まぁまぁね」

私は、ある意味ウソではない内容でごまかしてしまったのです。

次に聞かれた時にはきちんと説明しよう、と告知について必要なことを調べ、準備をしておきました。しっかり自己肯定感を育て、自然な形で、告知したいと考えていました。長男にはよいタイミングだったと思います。

漢字が読めるようになった長男の質問は、「アスペルガー症候群って何？」です。「症候群」がついているので、「人の名前」と言う訳にはいきません。簡単にすませられる話ではないので「話が長くなってもいいの？」と、長男に確認しました。

「お母さんがこんな風に言う時はマジで話が長くなる……」。長男は少し後悔したかもしれません。それでも聞きたい気持ちの方が強かったのでしょう。彼の「うん、長くてもいい」という返事を聞き、私はパソコンの電源を切りました。

この日のために、『あなたがあなたであるために』（吉田友子、中央法規出版）と『アスペルガー症候群・自閉症のあなたへ』（東条惠、考古堂書店）を用意していました。それらを読みながら得意なことと、苦手なことの特徴の説明をしました。

得意なことはう～んと得意だけど苦手なことはう～んと苦手なこと……。

脳のタイプが違うこと、悪いことではないこと、いろいろと苦手があるけど何とかやりようがあること、いつでもお母さんや先生に相談してもいいこと。

1時間以上かけて話をしました。「ああ、オレのことだ」と、長男はすんなり受け入れてくれました。特徴だけを告げた時と同じように、大事なことだから人にしゃべらないで、と口止めもしました。

「いつか、あげようと思って買っておいたのよ」と2冊の本を手渡すと、長男はうれしそうに受け取りました。

この2冊には、いくらか異なる記述があります。アスペルガー症候群や自閉症については、まだ研究途中でハッキリしてないし、お医者さんによって考えが違うので、それは仕方がないことだから、とつけ加えておきました。

長男の机には、この2冊の本が並んでいます。自分を知りたいという気持ちは、子どもの中にも大人と同じくらいにあるように思います。私の前で本を開くことはありませんが、困った時などにこの本を読んで安心しているようです。

かけざん絵本

長男は単純な暗記が苦手で、かけ算の「九九」がなかなか覚えられませんでした。かけ算の意味はしっかり理解していたので、文章問題の式を立てることに問題はありませんでした。でも、すばやく計算ができず、たし算をして答えを求めていました。

学校で使う「かけ算カード」の練習は効果がありませんでした（長男にとってかけ算が書いてあるだけのカードは単なる数字の羅列なのかもしれません）。いろいろと努力したのですが、どうしても暗記できないのです。これはもう、九九が覚えられなくても計算できるような方法を探すしかないと思いました。

長男は、目から入った情報には優れた記憶力を発揮します。大好きな科学雑誌は、どんな記事が何号に載っているのか完璧に覚えていました。図鑑で見た世界遺産の名前や場所、恐竜の名前などもよく覚えていました。

ふと、この子は目で見れば覚えられるかもしれない、と考え、絵本を作ることにしました。

まずは、難関の7の段と8の段を手作りの「かけ算絵本」にしました。

見開きにひとつの数式、九九の唱え方、左には具体物のイラスト（7の段はななほしてんとう、8の段は8本足のタコ）、右にはタイルの図を描きました。

九九を覚えるために作った絵本

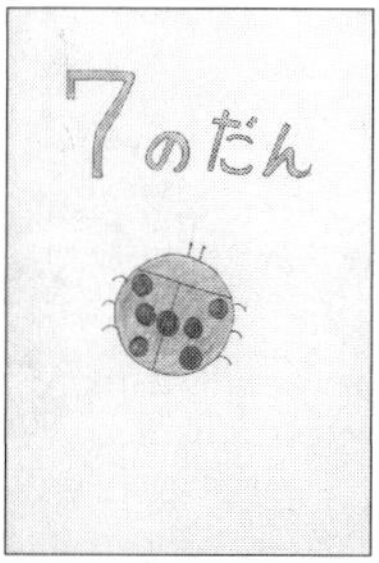

●7の段

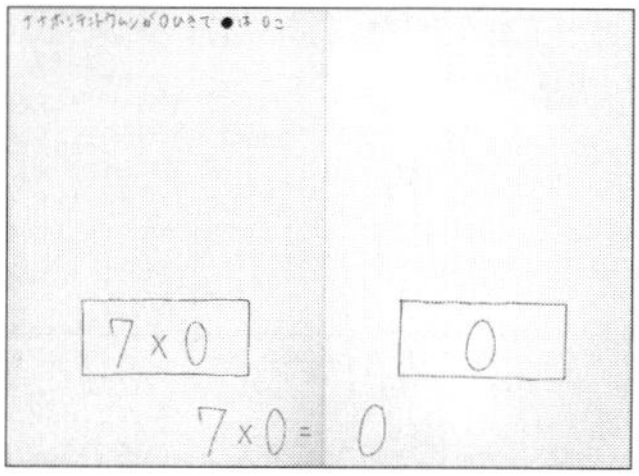

ナナホシテントウムシが 0 ひきでホシは 0 こ

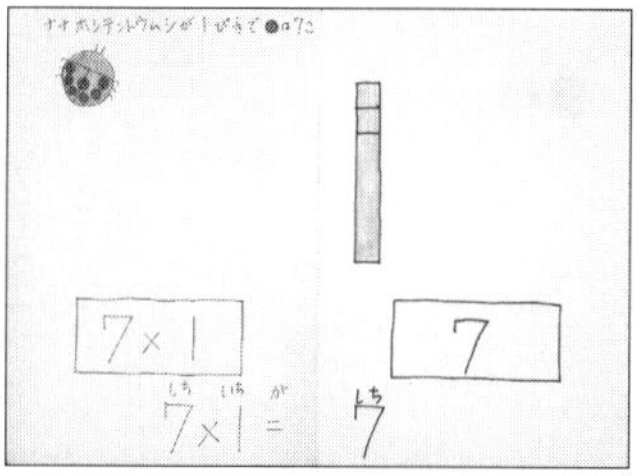

ナナホシテントウムシが 1 ひきでホシは 7 こ

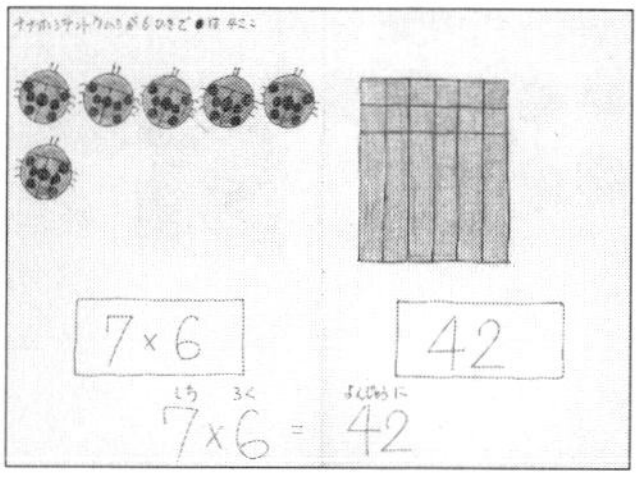

ナナホシテントウムシが 6 ひきでホシは 42 こ

●8の段

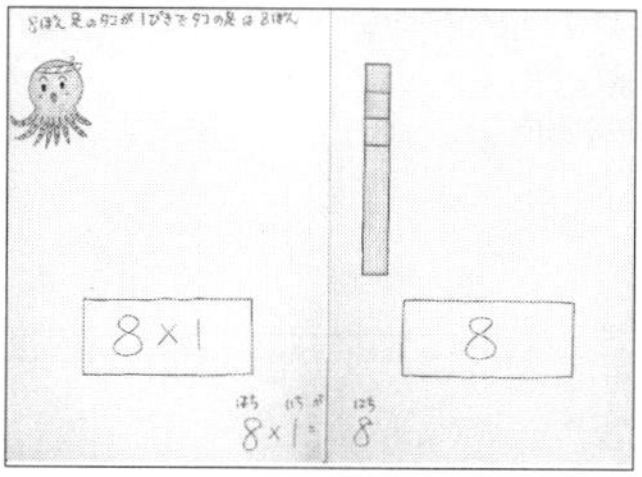

8 ぽん足のタコが 1 ぴきでタコの足は 8 本

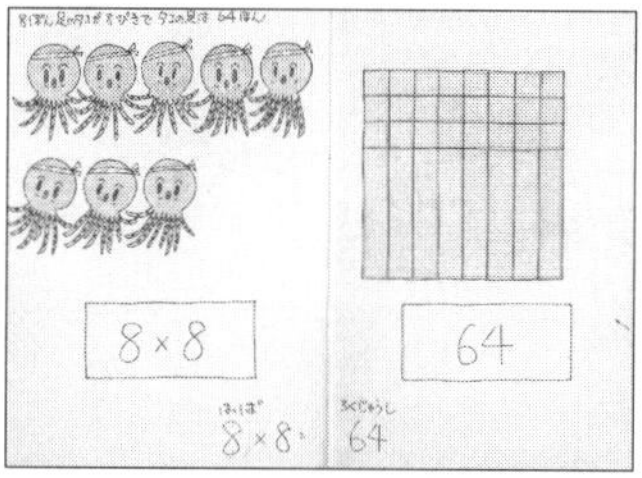

8 ぽん足のタコが 8 ぴきでタコの足は 64 本

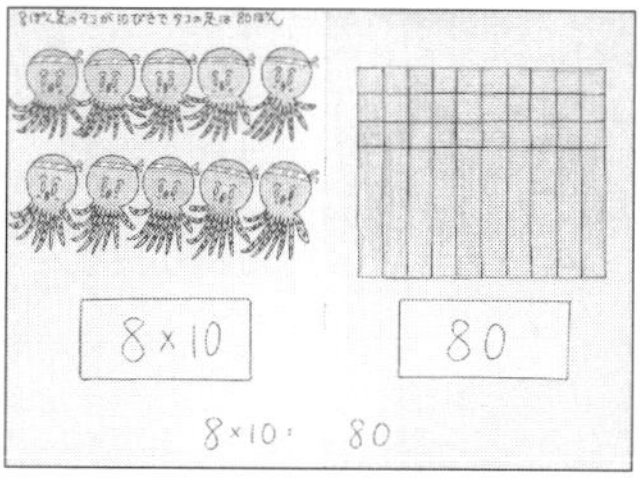

8 ぽん足のタコが 10 ぴきでタコの足は 80 本

参考：授業を楽しく支援する　教えてみよう算数』（小笠毅、日本評論社）

指かけ算

9×1

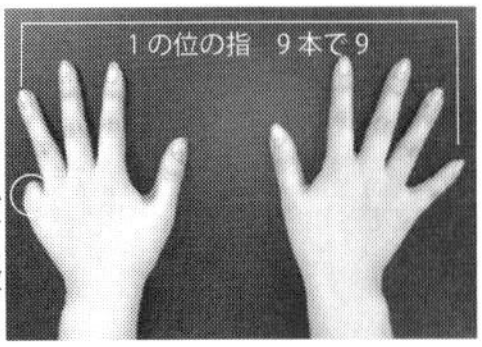

かける数の指を曲げていく。これはかける数が1なので、左手の小指を曲げて、曲がっていない指が9本。答えは9。

9×2

10の位の指
1本で10

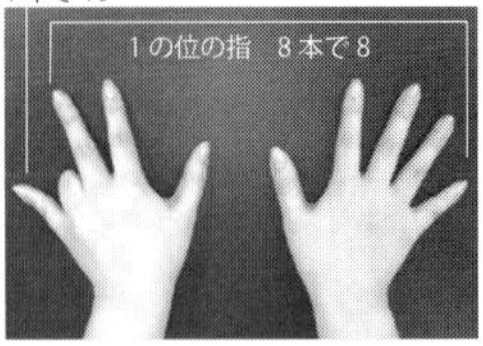

かける数2は左から2番目の薬指。曲げた指より左側が10の位、右側が1の位。10の位が1で、10。1の位が8。答えは18。

9×3

10の位の指
2本で20

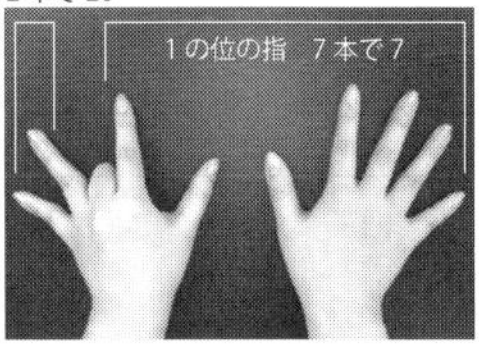

かける数3は左から3番目の中指。曲げた指より左側が10の位で20、右側が1の位で7。答えは27。

9×4

10の位の指
3本で30

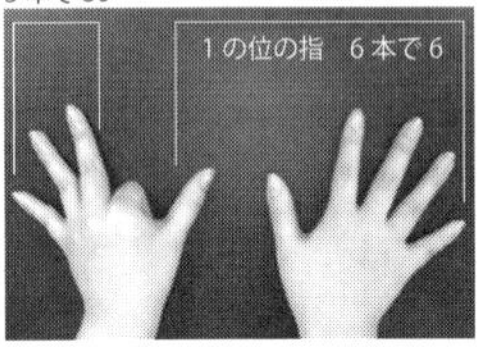

かける数4は左から4番目の人差し指。曲げた指より左が10の位で30、右側が1の位で6。答えは36。

9×5

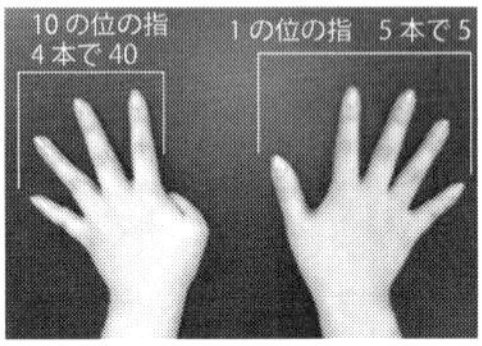

かける数5は左から5番目の左親指。曲げた指より左の10の位で4で40、右が1の位の5。答えは45。

9×6

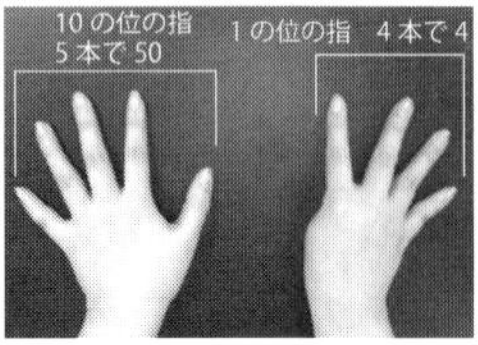

かける数6なので、左から6番目の右親指。曲げた指より左の10の位が5で50、右が1の位で4。答えは54。

9×7

1の位の指
3本で3

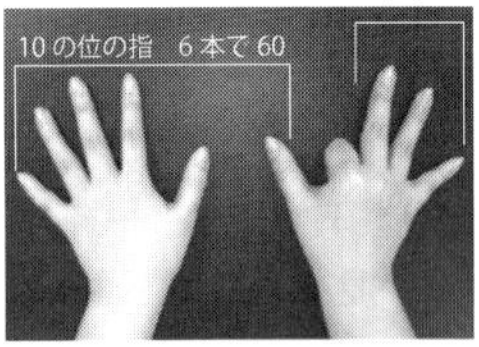

かける数7は左から7番目の右人差し指。曲げた指より左の10の位が6で60、右の1の位が3。答え63。

9×8

1の位の指
2本で2

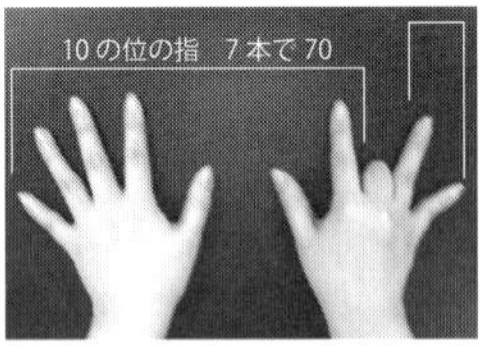

かける数8は左から8番目の右手中指。曲げた指より左が10の位の7で70、右が1の位の2。答えは72。

9×9

1の位の指
1本で1

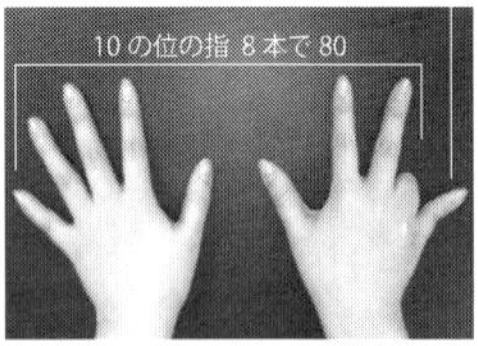

かける数9は左から9番目の右くすり指。曲げた指より左が10の位の8で80、右が1の位の1。答えは81。

参考：授業を楽しく支援する　教えてみよう算数』（小笠毅、日本評論社）

手書きの拙い絵本ですが、予想以上の効果がありました。長男はタイルの図を頭に思い浮かべて計算するようになっていたのです。

例えば、7×6は5の固まりタイルが6本で30、2のバラバラタイルが6組で12、30＋12で答えは42。絵本を眺めていた長男が、自分で見つけた計算方法です。どうしても暗記できないなら、こうした計算も立派な工夫の一つです。

それから、9の段は裏技の「指かけざん」をこっそり伝授しました。無理に暗記しなくても、机の下で両手で「指かけざん」をすれば困りません。

主治医の先生が「人間の脳には不思議な力があって、うまくつながらないところがあれば、本来は違う働きをする場所を使って補おうとするんです。本当に不思議な力があるんですよ」と話してくれたことがあります。ほんの少し遠回りをしても、その遠回りが子どもたちの脳にバイパスを作ってくれるかもしれません。

かけ算絵本と長男の特別な計算方法のことを校長先生にお話しすると、「教育の真髄だ」ととても感心して、学校内の先生方にかけ算絵本を回覧してくれました。また、校長会で他校の校長先生に「あんた、これ（指かけ算）知っとるか？」と自慢（？）してまわったそうです。

こんな工夫は、発達障害があろうとなかろうと、九九の暗記ができずに困っているすべての子に有効だと思います。長男は3年生の終わりごろには、ほぼ九九を覚えていました。遠回りがバイパスを作ってくれていると実感できます。

みんなにぼくのことを知ってほしい

長男が3年生になると、交流に行く通常学級のクラス替えがありました。長男は特別支援学級の「ひまわり」と3年1組で勉強することになりました。変化に不安を感じる長男ですが、この時は不安よりも期待が大きかったようです。それは「理科」と「社会」の勉強が始まるからです。

2年生までの「生活科」は、長男にとって、理科でもなければ社会でもない、訳のわからない勉強でした。科学系のドキュメンタリー番組が大好きで、「ジュニアエラ」（朝日新聞出版／アエラのジュニア版）を欠かさず読む長男には、物足りなかったのです。

長男は、3年1組の先生を大好きになりました。「できないならしなくてもいいよ」ではなく、「できなくてもいいから、できるところまでがんばろう！」と先生から励まされ、とてもうれしかったそうです。算数や国語も交流学級の授業が受けたくて、苦手な漢字や九九を覚えようと努力し始めました。

交流学級での授業が増えると、クラスメイトから「どうしてひまわりなの？」と聞かれるようになり、長男は何と答えていいのかわからず困っていました。私は、長男にアスペルガー症候群であることを告知した時、口止めをしただけでした。だれかに聞かれた時にどう答えるかなんて考えてもいなかったのです。

長男は、同じことを何度も聞かれたくない、もっと自分のことを知ってもらいたい、とハッキリした自分の意思を持っていました。そこで、3年1組の交流学級の先生に相談することにしました。何をどう相談するのか、要点をメモに書き出して、私と事前に相談の仕方を練習しました。

自分で先生に相談できた！　そういう経験で自信をつけてほしかったので、内緒で先生に電話をして事情を説明しておきました。でも、先生に話しかけるタイミングをつかめず、何も相談できないまま帰宅しました。これでは、いくら根回ししても先生に話を聞いてもらえません。

次は「お手紙作戦」です。先生に「相談があります、時間を作ってください」と書いた手紙を渡し、都合のよい時に話を聞いてもらえるようにお願いしたのです。先生は長男から手紙を受け取ると、1対1で話を聞いてくれたそうです。

メモを見ながら長男は自分の気持ちを伝えました。

- みんなから、「どうしてひまわり?」と聞かれるのがつらい。
- みんなに自分のことを知ってほしい。
- 自分の口でクラスのみんなに伝えたい。

「みんなも兼田君のことを知りたいって思ってるよ」

先生の言葉で、長男は自分の気持ちを理解してもらえた、と感じたようです。先生は、長男がクラスメイトに説明するための時間をもうけてくれました。後から「あれも言えばよかった、これも言えばよかった」と悔やまないために、長男と文章を考え、まず先生に読んでもらいました。

そして、長男がみんなに話を聞いてもらう日、「みんなの仲間の兼田君から相談を受けました。これから兼田君の話を聞いてください」と先生がクラスの子どもたちに切り出してくれたそうです。


ぼくは、みんなにもっとぼくのことを知ってほしいです。

今からぼくの話を聞いてください。

最初に、ぼくがひまわり2組にいる理由を説明します。

ぼくは小さい時から人がたくさんいる場所が苦手でした。目が回って気分が悪くなったり頭が痛くなったりします。だから、人数の少ないひまわり2組で勉強しています。

ぼくは字を読むのは得意で本を読むのが大好きです。でも字を書くのがとても苦手です。ぼくの思うように手や指が動いてくれません。

漢字は、読めるけど書く時に思い出せないです。だから、ひまわり2組でみんなと違う漢字ドリルを使って勉強しています。

次に、ぼくが3年1組で困っていることを話します。

ぼくは急に話しかけられるとビックリしてうまくお話ができないことがあります。

名前を呼ばれないと、話しかけられていることに気がつかず無視することがあります。

ひとりの人となら大丈夫だけどグループになると、うまくお話ができません。

それから、ぼくはお友だちの名前を覚えるのに時間がかかります。

3年1組のみんなにお願いがあります。

ぼくに「どうしてひまわり?」と聞かないでほしいです。

ぼくに挨拶してくれたり話しかけてくれる時は名前を呼んでください。ぼくが無視をした時は気がついていないだけなので、名前を呼んでくれたら気がつきます。

ぼくは、みんなの名前をなかなか覚えられなかったり、おしゃべりも上手にできなかったりするけど、みんなと仲よくしたいです。

原稿を読み終えた長男に、クラスのみんなは拍手をしてくれ、最後に先生は「みんなも困ったことがあったら、いつでも先生に相談してください」と締めくくられたそうです。

先生に困ったことを相談できたこと、みんなに自分のことを説明できたこと、これらの経験は長男を大きく成長させてくれました。彼はどんどん自分の道を切り開いていくようになりました。

ぼくを3年1組にかわらせてください

3年生になって半年、長男は国語も算数も3年1組で授業を受けるようになり、給食と学級活動以外はずっと通常学級です。長男は「完全に3年1組にかわりたい」と言うようになっていました。

しかし、長男にはその希望と同じくらいの大きな不安がありました。長男自身の気持ちをしっかり整理してから、先生に相談できるように話し合いました。

先生に何を相談したいのか、と長男に尋ねると黙り込んでしまいました。

キミは何がしたいの？　キミの本当の気持ちは何？

「ぼくは何がしたいのかわかりません」

そんな相談はされた方が困るんだよ。

私のきつい口調に、長男は半泣き状態で自分の思いを言葉にしました。長男の希望と心配なことを、紙に書き出して確認しました。

いざ、先生に相談！　のはずが、やはり話しかけるタイミングがつかめない長男です。前の時と同じように、手紙を渡して時間を作ってもらい、「3年1組にかわりたい」という希望とそれに対する不安を先生に相談しました。

長男の不安1　3年1組にかわるとクタクタに疲れるかもしれない
先生のお返事「それは、みんなにも疲れる時があるよ」
不安2　勉強が難しいかもしれない
先生「勉強の内容によっては、みんなも難しい時があるよ」
不安3　給食や掃除当番が不安
先生「クラスのお友だちに教えてもらえば大丈夫だよ」
不安4　お話がうまくできない
先生「それは、慣れるしかないかな……」
不安5　グループ活動ができないかもしれない
先生「自分のできることと、できないことを言えるようになるといいね。このことは、先生も考えてみるからね」

先生は、ひとつひとつの不安に耳を傾けてメモを取りながら聞いてくださったそうです。そして「ひまわりの先生とも相談しないといけないし、少し時間がかかるかもしれないけど、待っていてね」と長男を安心させてくれました。

私も長男の希望を特別支援コーディネーターの先生に伝えていましたが、なかなか通常学級への変更にふみ切ってもらえませんでした。しびれを切らした長男は、「お母さん、オレは決心したよ。学校の最高責任者である校長先生に、自分で話をつけてくるよ！」と言い出しました。

長男のちょっと個性的な言い回しが大好きな私は、「うん、がんばっておいで！」と笑って聞き流していました。冗談だと思っていたのですが、長男は本気でした。

後期の始業式の日、長男は登校すると校長先生のところへ直行し、真正面から直談判したのです。

「ぼくを3年1組にかわらせてください！」

さぞかし、校長先生は驚かれたことと思います。長男の気持ちをしっかり受け止めて、「うん、わかったよ。でも、その前にお母さんと話をさせてね」と返事をしてくれたそうです。長男は、「ビックリすると本当に目の球が飛び出そうな顔になるんだね、校長先生はそんな顔だったよ」と無邪気に笑っていました。

その日の夜、校長先生からお電話をいただきました。

「支援クラスと交流クラスの担任に様子を聞きました。どちらも大丈夫だろうと言っています。本人の気持ちを大事にしてあげましょう。とりあえず、全面交流で4年生まで様子を見ましょう」

翌日から、長男は希望通りに3年1組で登校から下校まで過ごせるようになりました。

3年1組に移ると宿題の量は倍以上に増え、字を書くのが難しい長男は漢字練習の宿題に苦労していました。かろうじて読めるかな？　というような字でしたが、先生は長男の精一杯を認めてくれていました。長男の日記には「君のがんばりはちゃんと見ているよ、がんばりすぎなくてもいいからね」と書いてくださいました。

きれいな文字で書けないけれど宿題をすれば褒めてもらえる、努力すればするだけ褒めてもらえる、長男は先生から褒められることで、努力する喜びを知りました。

掃除当番や給食当番などに戸惑うこともあったようですが、困った時には、宿題の日記に「相談にのってください」と書いて、先生に相談しているようです。

「先生は、ぼくを特別扱いしないで、みんなと同じようにしてくれる。でも、難しい勉強の時にはぼくの近くをグルグル歩いて回ってくれている。他にもいろいろとね、目立たんように心配してくれてるし、困った時は何でも相談していいんよ」

長男は、特別扱いをされることより、みんなと同じように扱ってほしいと思っていました。また、先生が表面的にはみんなと同じように接しながら、見えないところで自分に心配りをしてくれていることに気づいています。さりげなくしっかり配慮してくれる先生への信頼が長男の支えになっています。

結果だけでなく努力を認めてくれる先生の愛情で、発達障害でない多数派の子どもたちにも、少数派の長男にも、居心地のいい教室になっているようです。

10点の漢字テスト

ある日、長男がランドセルから取り出したプリントを、無言で私の前に突き出しました。それは10点の漢字テストでした。1問で5点で正しくかけたのは2問だけです。

そのテストは、はじめから「オレは漢字が書けない」と開き直ってあきらめた10点ではありませんでした。何度も何度も、書いては消し書いては消し、何とか漢字を書こうとして、書けなかった10点のテストです。それを見ていると涙が出てきました。

長男は驚いて「お母さん、ごめんなさい」と謝りました。私は、あわてて、違う、違う、と首を振り「キミの努力がいっぱい詰まったテストだから、うれしくて涙が出たんだよ。あきらめずによくやったね」と長男の頭をなでました。

「10点のテストで褒められても、喜んでいいのか、よくわかんないよ」と長男は複雑な心境だったようです。

私は、褒められた記憶がありません。よく考えるとまったく褒められなかった訳ではなく、褒め

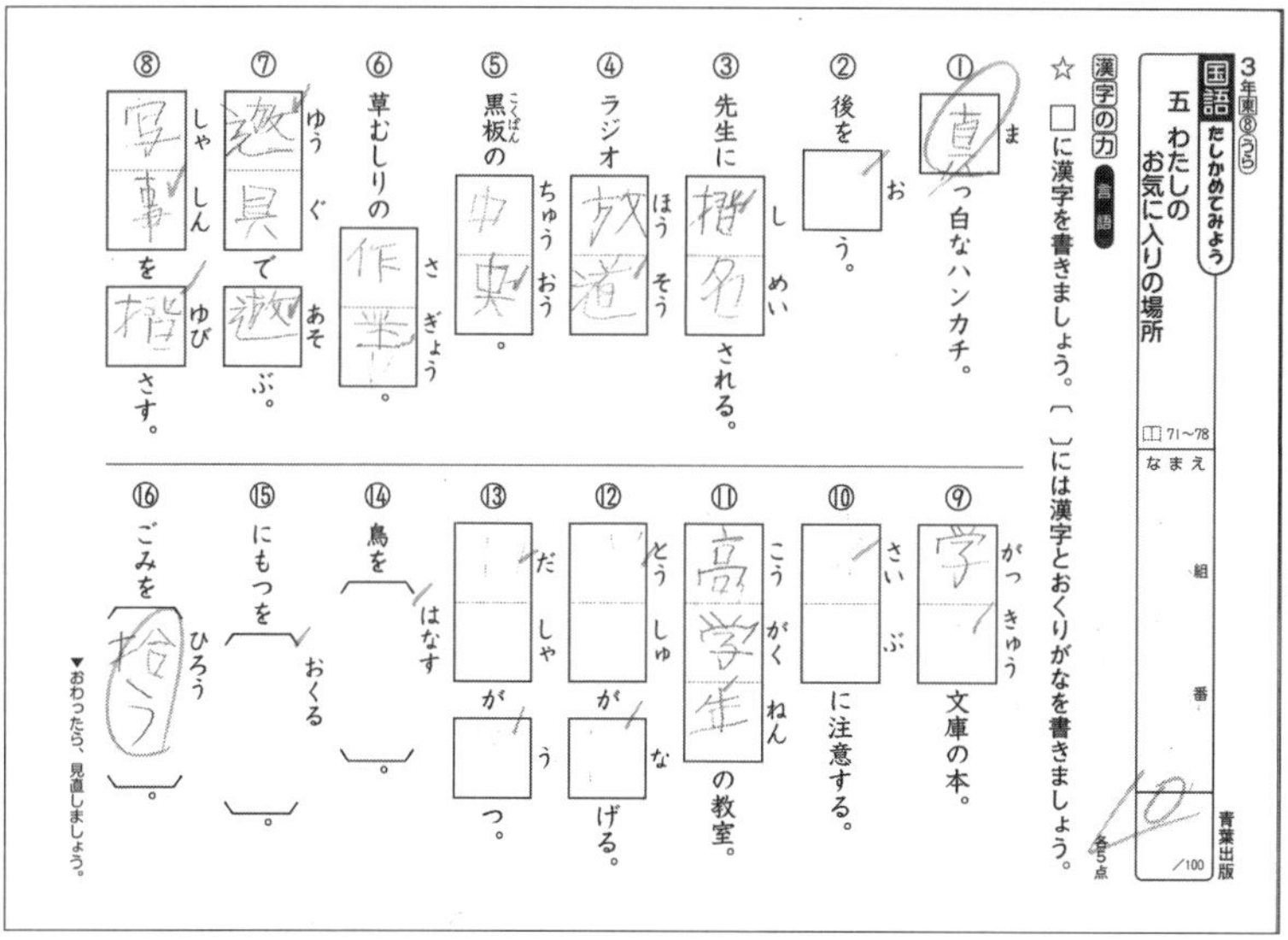

がんばった漢字テスト

られたと感じたことがなかったのです。

大人が褒めてくれるのはよい結果の時だけで、「よい結果にならなかったけど、よく努力したね」と認めてくれる人はいませんでした。

私は結果より、努力を褒められたかったのだと思います。

世の中は、結果や成果だけで判断されることが多いです。大人になれば、そういう世の中を生き抜かなければなりません。私は、結果だけでなく、そこに至る過程の努力を認められる存在でありたいと思います。それは、幼い頃の私が何よりも一番欲しかった存在なのです。

テーブルをバーン！

どうせオレなんか……練習してもムダ……

と長男がふてくされた時、私はテーブルをバーン！　とたたいて烈火のごとく怒り狂って、まくしたてました。

どうせオレなんかって、あんたはそんなつまらん子だったの！
お母さんは、そんなつまらん子を生んだ覚えはないよ！
つまらん子なんかじゃないでしょう。
いつもコツコツ努力してるいい子でしょう。
自分で自分をどうせなんて言ったら、
本当につまらん子になる！
母さんがテストが10点でも怒らない理由をわかっているの？
いっぱい努力したのがわかるから怒らないんだよ！
はじめから、できんもんってあきらめた10点なら怒ってるよ！

あんたはいい子なの！

つまらん子なんかじゃない！

ふざけるな！


私はすぐに泣いてしまいます。この時も、泣きながら怒鳴りました。はじめはふてくされていた長男も、途中から泣き出しました。

「大きな声で怒鳴って悪かったよ、ごめんね、でも自分を『どうせ』と言うのはやめてね」と言うと、

「もう『どうせ』なんて言わんよ、ごめんなさい」

と返事をしてくれました。

子どもの前で泣くのはよくないと言う人もいますが、私はおこりん坊で泣き虫で欠点がいっぱいある姿を取りつくろうことができません。そのかわり、悪かったなと思ったら必ず言葉にして謝るようにしています。

そろばん

学校の算数でそろばんを学習した長男が、そろばん教室に通いたいと言い出しました。単純な計算問題が苦手な長男が、なぜかやる気満々です。

でも、私には気がかりなことがありました。計算が得意な次男が一緒に習うことになれば長男を追い越してしまう、そのことで長男が自信を失くすのではないか、と心配だったのです。正直に私の気持ちを長男に伝えると、彼はニッコリ笑って言いました。

「お母さん、オレはね、パッとできるようにはなれないけど、コツコツ努力してコツコツできるようになる子なんだよ、だから、追い越されても大丈夫だよ！」

長男は自分をちゃんと受け止めて、苦手もあるけどコツコツ努力する自分、という自己像ができています。

「ああ、この子はもう本当に大丈夫だ」と思いました。

木にたとえるなら根がしっかり張り始めている状態、建物なら土台になる基礎の部分ができ上がりつつある状態でしょう。これから先、何が起きてもこの子は乗り越えていける、と心が軽くなりました。

6

ゆっくり
いこう

何がつらかったの？

次男は、２年生の９月半ばから「学校へは、もう行かない」と不登校になりました。

学校へ行きたくない理由を尋ねても
「お母さんに理由を言ったら、先生に教えるでしょう。そしたら、オレのいいようにしてあげるって先生が言って、オレを学校へ行かそうとするんだ。だから、お母さんにも絶対に理由は言わない」

と教えてくれません。

私は、次男の気持ちが落ち着くまで待つことにしました。すると、次男が少しずつ理由を聞かせてくれました。時間割の変更を直前に知らされてつらかったことや、叱られる理由がわからなくて悲しかったこと、いつも先生が怒っているように感じてビクビクしながら過ごしていたことなどを話してくれました。

次男は「つらい」ことを、言葉にも態度にもあまり出さずに耐え、限界になってしまったようです。

また、次男は学校へ行く意味や意義がわからないようでした。算数や国語の知識が生活の中でどのように役に立っているか、いくつか具体的な例を示して説明をしました。時には憲法や法律についてもふれ、なぜ教育を受けるように法律で定められているのか、という話もしました。

約1カ月欠席した後、次男が「ふれあいひろば（教室に入れない子どもが通う部屋）の見学に行きたい」と言いました。学校にそのことを伝えると、教頭先生が対応してくださり「ふれあいひろば」に次男の机を用意してくれました。

見学に行く前、私は次男に、

「キミは今まで学校でつらいことをがまんして、先生たちにつらいことをわかってもらえなかった。これからは自分で伝えられるように練習しよう。『先生、ぼくが学校でしんどかったことを聞いてください』ってお願いしてみようよ。もしも先生が『聞かん』って言ったらお母さんが先生を怒ってあげるよ。でも、先生はきっと『聞くよ』って言って聞いてくれるよ。上手く話せなくなったらお母さんがお話するから大丈夫よ。少し勇気を出して、気持ちを伝える練習、お話を聞いてもらう練習をしてみよう。失敗しても大丈夫、お母さんがついてる！」

と励ましました。

ふれあいの部屋で教頭先生と遊んだりおしゃべりをした後、

「先生、学校でしんどかったこと、聞いてください」

と次男が切り出しました。机の上で組まれた次男の手は震えていました。

次男の話はまとまりがなく、とてもわかりにくいのですが、教頭先生は、

「それはこういうことか？」

「ちょっと待ってよ、話を整理させてよ」

と次男の話を整理し確認しながら聞いてくださいました。次男は、学校がつらかった理由を、教頭先生に伝えました。自分の話を聞いてもらえた、それは次男にとって本当にうれしいことだったと思います。

「明日から来てみるか？」

教頭先生の言葉に「うん」と気持ちよく返事をしました。

次男は翌日から、ふれあいの部屋に登校するようになりました。

子どものつらさを知るために

次男の不登校をきっかけに、子ども自身が言葉にできないつらさを探り、少しでも楽になる対処をしてやりたいと思いました。しかし、療育センターは2カ月の予約待ちでした。インターネットや口コミで発達障害を診療してくれる医師を探すと、市内の総合病院にいろいろな検査を通して、具体的なアドバイスを下さる医師がおられると知り、診察を受けることにしました。

字を書くのが難しい長男も一緒に診てもらえるようにお願いしました。発達を調べるいくつかの検査と脳の活動を調べる検査を受けました。

その結果、次男は脳の使い方がかなり珍しいこと、いろいろな状況で意味や意義を理解することに困難があること、しかし知的レベルはかなり高く、そのため同世代の子どもと人間関係を築くのが難しいことなどがわかりました。

「お兄ちゃんより、弟くんの方が大変です。申し訳ないが不登校を解決する決め手になるようなアドバイスができない。いろんな場面の意味や意義をひとつひとつていねいに教えてあげましょう、としか言えません。しかし、悲観する必要はありませんよ。彼はとても優れたものを持っています。それを伸ばしてあげましょう」

と医師は所見を書面で手渡してくれました。

これまで、なかなか理解してもらえなかった次男の困難さを、医学的な検査からハッキリしてもらえてホッとしました。それは、白黒ハッキリすればサッパリする（結果より事実がハッキリしたことで安心する）、私の少数派的な特徴のせいかもしれません。

私は、「障害を受け入れること」と「あきらめること」は違うと考えています。この子は障害だから仕方ないとあきらめるのが、障害を受け入れることになるとは思えません。医師から、次男の方が大変だと言われました。でも、人間の脳のことは完全に解明されている訳ではないし、あきらめるのはまだ早い、必ずこの子に合ったやりようがあるはずだ、と思いました。発達途上の子どもならなおさらです。

私は、検査結果と医師の所見をコピーして学校に届け、特性に合った対応を考えてほしいとお願いをしました。校長先生は、このような書面があると対応を検討する時にとても役に立つ、と受取ってくださいました。

ソーシャルスキルトレーニング

広島大学の学校心理教育支援室「にこにこルーム」は不登校などの相談窓口で、カウンセリングなどの指導を受けることができます（学生の教育と研究の機関でもあるので、指導の様子はビデオ撮影され、大学院生がカウンセリングや指導方法の学習に利用しているそうです）。

私は相談を申し込み、子どもたちの障害とこれまでの経緯、次男自身がソーシャルスキルの知識を得ることが最初の一歩になると考えている、と受講の希望を伝えました。

「にこにこルーム」では、月に2回、先生がマンツーマンで次男の指導をしてくれました。その間、私は別の部屋で待ち、終了10分前から、その日の活動報告と次男の感想を聞きます。

初めての指導の時、次男は絵カードから場面の意味や状況や人の気持ちを完璧に読み取り、適切な行動もきちんと答えていたそうです。しかし、次男は、「できていない」と自分を低く評価していました。現実の場面では「わかっていてもできない自分」の存在があり、自己評価を下げているように思いました。

その後は、きょうだいゲンカなどのトラブルを題材にして、自分の気持ちが伝わる言い方、悪いように受け取られる言い方、自分の言動から予想される結果を具体的に教えてもらいました。面接指導の回数を重ねると、次男に変化が現れました。彼なりに考えて行動するようになってきたのです。

ある時、テレビを見ている次男のそばで、ガチャガチャと音を立ておもちゃで遊ぶ長男（これは長男にも問題ありなのですが……）に、次男は
「うるさいから、やめてくれない？　それか向こうの部屋でやってくれんかな？」

と穏やかな口調で言いました。

これにはとても驚きました。今までなら口と手が同時に動いて「うるさい！　あっち行け！」と怒鳴ってたたいたり蹴ったりしていたのです。

私は、「今の言い方、すごくよかった！　ケンカにならない言い方ができてすごくステキ！」と大喜びをしました。こういう場面で褒められたことのない次男は「フン」とそっぽを向いてしまいました。

「にこにこルーム」で受けられる指導は原則10回までです。地元には、ソーシャルスキルなどの指導を継続して受けられる場所が少なく、療育センターなどの専門機関はパンク状態です。適切な指導を受ければ、ぐんぐん伸びていける子どもたちが、たくさんいるのに、とても残念な現状です。

じゃんけんで順番を決めて
交替でやるという方法も
あるよ。

ケンカにならない行動

その1

①

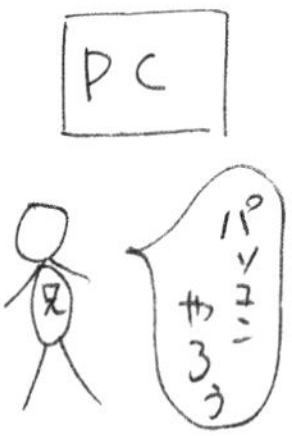

②

弟が言葉で言う。

③

④

その2

①

②

弟がわりこむ。

③

兄が言葉で言う。

④

おたがいに
やりたいことを話し合う。

↓

もしも
同じホームページが
見たいと思っていたなら
いっしょに見ることが
できるよ。

ケンカのルール

- たたいたり、けったり、物をぶつけたりしない。
- 自分の気持ちを相手に伝わる言葉で言う。
  →**「やめてよ」「いやなんだよ」**
- 本当の気持ちが伝わらない言葉は使わない。
  ×**「なき虫」「消えろ」「うるさい」「なまいき」**

ケンカのスキル

ケンカになる行動

①

兄が
パソコンしようとした。

②

弟が横から入って
スイッチをいれた。

③

兄が
「なまいき」と言った。

④

弟がキックした。

⑤

兄が泣きながら
けりかえした。

⑥

弟が「なき虫」と
言った。

⑦

兄が手あたりしだい
物をなげて
「お前きえろ !!」と言った。

反省点

② わりこみしないで順番を守ろう。
③ 本当の気持ちを言おう。
　○**「順番ぬかしするなよ !!」**
　×**「なまいき」→気持ちが伝わらない。**
④⑤ キックはしません。
⑥ 人は泣いたり笑ったりするのが当たり前。泣いてる人に「なき虫」は言いません。
⑦ 物を投げるとケガをすることもあるし、こわれることもある。物は投げません。「消えろ」は言ってはいけないことばです。

ふりだしにもどる

教室に入れない子どもが通う「ふれあいのひろば」に登校していた次男ですが、実は何のために行くのかわからないと、訴えていました。でも、特別支援学級や交流学級の教室には戻りたくない、と言い張っていました。次男は、教室に来ていた6年生のお兄ちゃんと意気投合し、そのお兄ちゃんと過ごす時間だけが楽しみだったようです。

春休みまであと1カ月になった2月の下旬、次男は「ふれあいひろば」にも通えなくなりました。ほんの些細なできごとだったのだと思います。先生と言葉の行き違いがあり、それをきっかけに大パニックを起こし、翌日からはまったく登校できなくなりました。

どうしたものか……と考え込む私に、長男が言いました。

お母さん、あいつを焦って学校へ行かせなくてもいいよ。

1年や2年、休んだっていいよ。今から丸2年休んでも大丈夫でしょう。

その間、いっぱい、いっぱい、大事なことを話してやれよ。

オレにだって、あいつの気持ち、ちょっとはわかるんだよ。

あいつは自分のことを知らなすぎだよ、無防備なんだよ。

あいつが1年生になってから、ずっと見ていられなかったんだよ。だれとでも友だちになろうとして、無防備に近づいて傷ついてさ。アスペルガー症候群のことだって、一からきちんと話してやれよ。オレにしてくれたみたいに、わからせてやらないとかわいそうだよ。

よく考えてみると、長男と私はアスペルガー症候群の特徴や得意なことや苦手なことを話し合ってきましたが、次男にはその半分も時間をとっていなかったのです。

長男にプレゼントした本を「オレも読む」と言った次男にも渡していましたが、次男は欲しがっただけで終わっていたのかもしれません。私は、長男と同じように次男にも十分に話をしてきたと、勘違いをしていたようです。長男は、長男なりの視点から、自分の意見をはっきりと伝えてくれました。それは次男にとって本当に必要なことなのだ、と思えました。

次男の告白。「お母さん」がわかった時

学校を休んでいる次男とは、ゆっくりおしゃべりをする時間がたっぷりあります。人見知りがまったくなかった彼は、3歳半から4歳くらいになって急に「お母さんがいい」とベタベタするよ

うになったのですが、その時に考えていたことを話してくれました。

保育園で自分のお世話をしてくれるのは「先生」という仕事をしている人、
家でお世話をしてくれるのは「お母さん」というお仕事をしている人だと思っていた。
保育園では「先生」が何人もいて交代するのに、
どうして家ではいつも同じ「お母さん」なのかと不思議だった。
年少クラスになって、お友だちみんなにそれぞれ「お母さん」がいることを知り、
やっと「ぼくのだけのお母さん」ということがわかった。
それがわかったら急に「お母さん大好き」になった。

自閉症スペクトラムの子どもは、家族に愛着を感じにくい場合があるそうですが、もしかしたら次男のようなとらえ方をしているのかもしれません。

一般的に生後数カ月で「お母さん」とそうでない人を区別できるようになるそうですが、次男は3歳半を過ぎ、理屈で理解できるまでお母さんが特別な存在であるとわからなかったのです。自閉症スペクトラムの人が持つ認知の歪みだと思います。ある種の能力が一般的な成長とは異なる経路で、ゆっくり成長しているのかもしれません。彼の中には、3年遅れでまだ5歳くらいの部分と、実年齢以上に発達した部分が混在しているようです。

自閉症スペクトラムの子どもが、「お母さん大好き」という感情を持てない訳ではないこと、次男が語ったような、この子たちの側から見える世界を知ってほしいと思います。

完璧な子どもはいないのに

次男は周りの子どもたちのよいところしか見えず、よいところだけを集めた理想のいい子になろうとしていたようです。だれにでも得意と苦手があることが理解できていなかったのかもしれません。勉強もできて、運動もできて、絵もうまくて、歌や鍵盤ハーモニカもじょうず、だれとでも仲よくなれお友だちもたくさんいて、何でも大人の言うとおりにできて、いつも褒められるだけの子どもなんて……、なれる訳がありません。

でも、彼はそうなれない自分をダメな子だと思い込んでいました。失敗するのもダメな子だから、自分の言うことをわかってもらえないのもダメな子だから、何でも自分がダメな子だからと理由づけしていたのです。また、自分の得意なことはだれにでもできる普通のことととらえ、まったく自信につながっていませんでした。

お友だちを作ろうとしてうまくいかなかったのは、うまくいく方法を知らなかっただけ。

得意と苦手はだれにでもあって何でもできる子なんていない。
お母さんはキミのいいところだけを好きなんじゃなくて、
やんちゃをするキミも全部ひっくるめて好きなんだよ。

そんな話をくり返しました。私の子どもの頃や長男の失敗談から、子どもは失敗をして大きくなること、失敗しないと勉強できないこともあることを話しました。
また、次男のいいところも言葉にしました。

自分より小さい子や弱い子を絶対にいじめない優しい心を持っていること。
きちんと教えてもらったら自分で考えて行動できること。
これを作ろうって決めたら最後まであきらめないこと。
計算や図形が大好きなこと。
お手伝いが好きなこと。
よいところがいっぱいあるいい子だよ。

それから、周囲の人にキミのいいところをわかってもらうためには、話し方や態度の勉強をした方がいいと思うと話しました。

話し方の勉強

「別に……」は自分の気持ちが正しく伝わらない言葉

自分の気持ち→
まずくなかったけど
むっちゃおいしかったわけ
でもなくて普通くらい
別に…
おやつ
おいしかった?
おいしく
なかったから
言いたくないの
かな…
←聞いた人の気持ち

普通くらいだったら

とりあえず
「おいしい」と言っても
ウソではないヨ。

ちょっとまずかった

先に「ゴメンネ」と言ってから
「あまり好きでなかったの…
ゴメンネ…」

人とおしゃべりする時

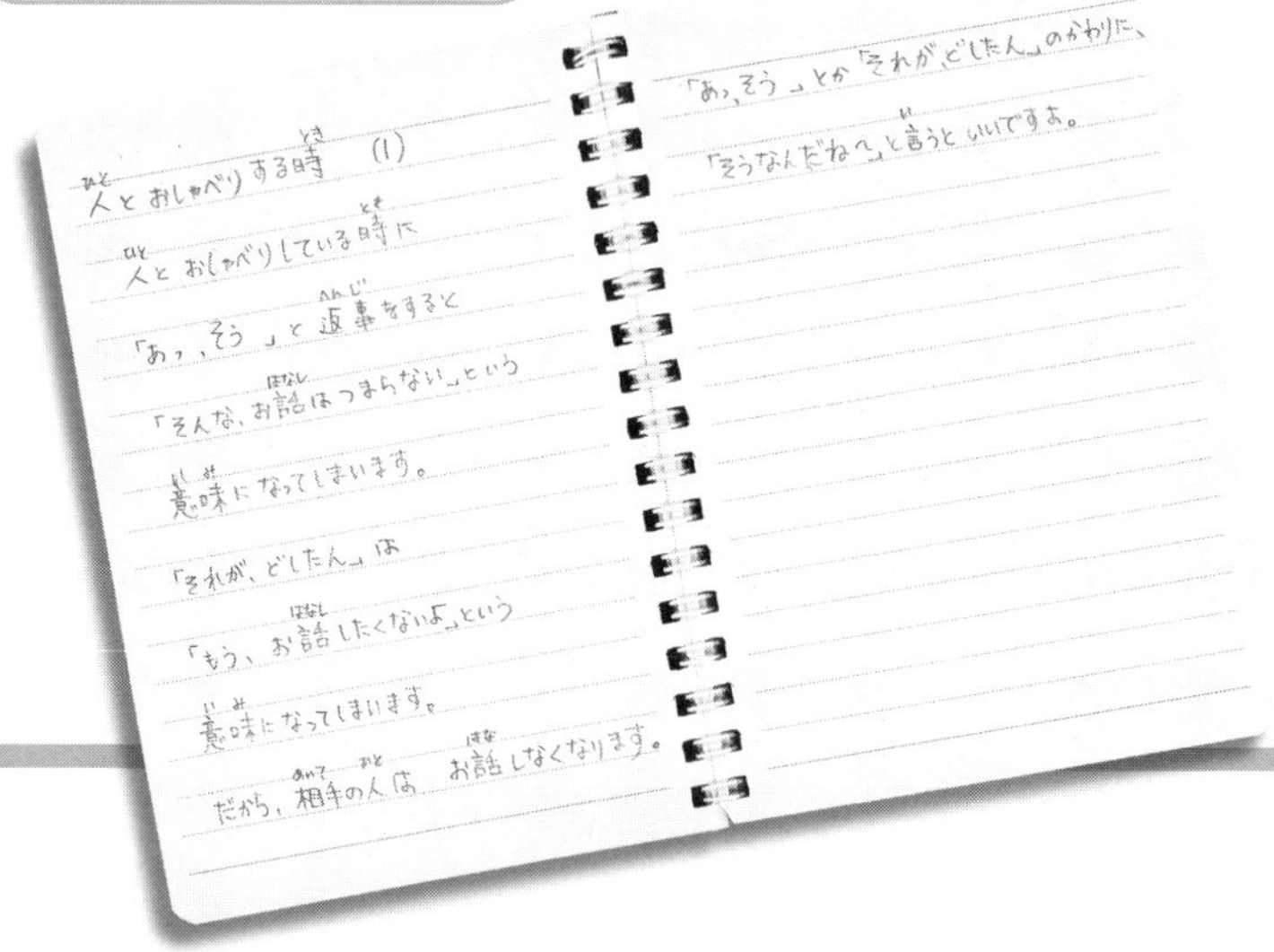
人《ひと》とおしゃべりする時《とき》 (1)

人《ひと》と おしゃべりしている時《とき》に

「あっ、そう」と 返事《へんじ》をすると

「そんな、お話《はなし》はつまらない」という

意味《いみ》になってしまいます。

「それが、どしたん」は

「もう、お話《はなし》したくないよ」という

意味《いみ》になってしまいます。

だから、相手《あいて》の人《ひと》は お話《はな》しなくなります。

「あっ、そう」とか「それが、どしたん」のかわりに、

「そうなんだねぇ」と言《い》うと いいですよ。

障害は不便だけど大丈夫だよ

洞窟の奥の湖にいる魚には目がないけれど、
光がないところでは目がなくても困らない。
明るい所にいる魚は目がないと困るよね。
アフリカの大平原で生きる人は地平線の彼方まで見えないと困るけど、
日本ではそんなに遠くが見えなくても困らないよね。
障害ってどこに基準を持ってくるかで変わってしまうかもしれないよ。
お母さんは、みんなと違うことで不便だったり困ったりすることに
工夫が必要なのが障害だと思っているよ。
アスペルガー症候群の人は１００人に１人か２人しかいないから
いろいろと不便なことがあるけど、
大人になるまでに自分に合った工夫を探せば大丈夫だよ。
キミはきちんと教えてもらえばちゃんとできるし、
お母さんもお兄ちゃんもキミの味方だから、心配しなくても大丈夫だよ。

アスペルガー症候群を悪いことのように感じ、不安がっていた次男に話しました。

その後、次男は自分でも本を読んだり、いろいろ考えたりしたのだと思います。「アスペルガー症候群って言葉は知っていたけれど、自分の何がアスペルガー症候群なのかよくわかってなかった、でも、少しだけわかってきたかもしれない」と話してくれました。

そして「言葉の言い間違いが気になって仕方がないのは、アスペルガー症候群だからかな?」と彼の疑問を教えてくれました。テレビゲームのマリオブラザーズに出てくるキャラクターの名前を、みんなが間違った言い方をしていて、みながそれを気にせずに使っているのが納得いかないと。

「うん、お母さんも気になって仕方がない、信号だって始めは緑信号だったのに、みんなが青信号って言うから法律も青信号になっちゃったんだよね。でもみんなは気にしてないからね。『世の中の人は言葉にいい加減なんだな〜』って自分に言い聞かせてるよ。人の言葉を言い直すときらわれるから、自分が損するでしょう」

「そっか、お母さんはそうやって理解してるんだ」

「だって、腹を立てるだけ損でしょう。知っておけば腹が立たないよ」

次男は、アスペルガー症候群のことがわかり始めたら、気持ちが楽になってきたと笑顔を見せてくれました。

ゆっくり、じっくり、一歩ずつ

新学期を迎えた4月、次男は3年生になりクラス替えがありました。新しい交流学級の先生が次男に会いたいと訪ねてくれました。次男は「イヤだ」と玄関に出ようとしませんでした。

玄関先で私と先生が話していると、次男が廊下に飛び出してきて、「学校なんか、絶対に行かん！」と叫びながら、スリッパを玄関めがけて投げつけました。

先生は「あんなに小さい子が、こんなことをしなければいけないほど、つらい思いをしてきたんですね。先生としてではなく、人として彼とつき合うことからさせてください。お手紙を書かせてくださいね」と言って帰られました。

翌日の夕方になると次男は、「先生が来るかもしれない」と不安がり泣きだしてしまいました。そのことを先生に知らせると、当分の間、手紙だけにさせてもらいます、と言われました。

先生は次男への手紙を長男に預けてくれました。先生からの手紙には、「家に行ったことでつらい思いをさせて、ごめんなさい」と書かれていました。それから、なぞなぞや理科など次男が興味を持っていることを話題にした手紙を続けて書いてくださり、次男もなぞなぞの答えを書いて返事を出すようになりました。次男は少しずつ心を開いているようです。

ある日次男が、「先生となら話せる気がする、学校へ電話して」と言い出しました。私は学校へ電話かけ、先生に取り次いでもらってから、次男に代わりました。次男は、ずっと無表情で「はい」「はい」と返事をしていました。

電話の後、「あのね、先生が『声が聞けてうれしいよ～』と言ってくれた時に、涙が出そうになったんだけど、どうしてなのか理由がわからないんだ」と尋ねてきました。

無表情だった次男ですが、心の中は違っていました。

「キミはうれしかったんだよ、先生が喜んでくれたのがうれしくて涙が出そうになったんだ、とお母さんは思うよ」

うれしくても、涙が出るんだね。はじめて知ったよ。

自分の気持ちさえうまく自覚できない、そんな次男には心の中を言葉で代弁して、彼自身が理解できるようなサポートが必要なのかもしれません。

しばらく経つと、次男は先生にスリッパを投げて悪かったと思う、と言うようになりました。そういう気持ちはきちんと伝えた方がいいよ、手紙に書いてみたら、とアドバイスすると、すぐに手紙を書いて「お兄ちゃん、これを頼むね」と長男に預けていました。

次男には次男なりの成長がある、今の状況は彼の成長に必要なステップなのでしょう。

ゆっくり、じっくり、一歩ずつ、成長すればいい。

私の目標

私は、よい縁に恵まれています。私たちの障害を知って離れていく人もいましたが、いろいろなところで私たちを支えてくれる人がたくさんいます。お仕事として係わってくださる方にも、個人的な係わりで応援してくださる方にも、本当に感謝しています。

私たちの障害は「目に見えない障害」と言われることがあります。見た目にはわからないので「あなたは普通だよ、気にしすぎない方がいいよ」と励まされることが多くあり、そんな時は「やっぱり、わかってもらえない」と落ち込んでしまいます。

「ずっとわからないままで、大変だったね」と言ってくれたのは視覚障害がある友人です。彼女は、障害による困難は人それぞれに違うこと、障害の程度と困難の大きさは比例しないことを知っていました。彼女の言葉は、私の心を癒し生きる勇気を与えてくれました。

子育てを終えた知人夫婦は、子育ての柱になることを教えてくださいました。

子どもが相手でも見下さずに、人として対等に接すること。

自分が悪かった時には子ども相手でも『ごめん』と謝ること。

子どもは育ちたいように育つもの、親の思うようには育たないこと。

将来、子どもに「不足があったかもしれないが私はできる精一杯で育てた」と言い切れるようになること。

　少数派の特徴をマイナスにとらえていた私に、視点を変えることを教えてくれた方もいました。中断が苦手なことを「初志貫徹したい気持ちが強い」とか、見本やマニュアルがないと何もできないことを「マニュアルを読んでできるなら大丈夫。読んでもできないなら困るけどね」と、違う方向から見れば長所になると教えてくれました。

「どこまでできればよしとするのか」は、まだよくわかりませんが、私の中で自分自身の目標と子育ての目標がハッキリしました。

　一つ目は、「自分を好きだと思えるようになる」ことです。

　私自身だけでなく、そう思えるように子どもを育てる、苦手も長所もぜんぶ自分と認められれば、自分をきらわずに生きていけると思います。

　二つ目は、「自分にできる精一杯の努力をする、それでも難しいことは周囲に助けを求められるようになる」ことです。これまで、私はだれにも迷惑をかけないことが大切だと考えていました。でも、自分なりに精一杯の努力をして、周囲の人に必要な手助けを求める力（少数派の子どもは、周りにSOSを発信する力が自然には身につきません）を持ち、助けたり助けられたりしながら生きる方が、人として豊かな人生ではないかと思うようになったのです。

　三つ目は、「将来、子どもたちが私を必要としなくなること」です。なんだか、二つ目の目標と矛盾していると思われるかもしれませんが、「いつか子どもを手放す」という覚悟が私には必要なのです。今は、子どもの困難さに対していろんな工夫を考えたり、周囲に支援や配慮をお願いするのが私の役目ですが、将来は子ども自身がそれをできるようになってほしいです。

「今は精一杯あなたたちを育てるけれども、成人したらサッサと出て行って自分の人生を歩んでね」

「残りの人生は私のために使わせてね」

そんな感覚でしょうか。

今から意識しておけば、子育て後の燃え尽きや執着を避けられるような気がします。友人から「サバサバしすぎ！」と言われるのですが……。

おわりに

　私たち親子は、アスペルガー症候群の診断を受けるまでの間、まっ暗なトンネルの中で右往左往しながら生きてきました。私たちにとってアスペルガー症候群という診断は、暗闇から抜け出す方向を示す一筋の光でした。

　でも、出口が見えても自分で歩いて行かなければトンネルから抜け出すことはできません。何を目標にすればいいのかわからなくなって、立ち止った時期もありましたが、多くの出会いが、私に力を与えてくれました。

　診断前の私は、自分の苦手が少数派の特徴であると知らず、何とか克服しようと考えていました。でも、私の中にある少数派の特徴は、私自身で、私からその特徴を取り去ってしまうと、私は私でなくなってしまいます。今は自分の特徴と共存したいと思っています。できるだけの努力をして難しいなら工夫でこなせばよいし、少数派の特徴を長所として活かせるような努力もしたいと考えるようになりました。

　自分の特徴や苦手を受け入れた長男は、10歳の今、彼なりに世の中に歩み寄る努力をしています。がむしゃらにいい子を演じてきた次男は、傷ついた心が回復すれば世の中に歩み寄る勇気を持てるでしょう。自分の特徴を受け入れ共存できれば、ずいぶん楽に生きられるような気がします。

これからを生きる少数派の子どもたちには、少数派の特徴がある自分を大好きになってほしいです。そして、自信を持って多数派に歩み寄れるようになってほしいと思います。

多数派の人たちは、少数派の私たちを「理解できない」とか「変わっている」と言い、「ガンコで融通がきかない」とか「生意気で可愛げのない態度」と感じることが多いそうです。少数派の私たちには、多数派の人たちの「普通」や「あたりまえ」や「暗黙の了解」がよくわかりません。だから、多数派の人たちの「常識」がとても不思議に思えるし、どうして自分たちが「ガンコで可愛げのない人」と思われるのかもよくわからないのです。

きっと、お互いによくわからないのです。でも、よくわからなくても、心の底から理解できなくても「そんな考え方もあるんだな」「そういうことがあるんだね」とお互いのことを知り、認めあえれば、歩み寄ることができるかもしれません。そんなふうにお互いが歩み寄れば、みんなが幸せになれると思います。

最後まで読んでくださってありがとうございます。あなたの周りにいる少数派のことを知るヒントにしてもらえたらうれしいです。多数派と少数派が共存できる世の中になりますように。

兼田絢未

２０１１年２月

〝少数派〟としての長年の経験が生きた子育ての貴重な記録

志々田　一宏
精神科医

この本の著者である兼田さんは、今から6年前に当時私が勤務していた病院を受診されました。息子さんが発達障害ではないかと疑っているうちに、その特徴が自分にも当てはまるのではないかと思うようになり相談に来られました。この時の兼田さんは、子育てや自分自身に自信をなくし、混乱し疲れきった様子でした。

正直なところ、この段階では兼田さんが本当に発達障害を抱えているのか半信半疑でした。というのも、ご本人の語られる生い立ちや経験談からは典型的な自閉症スペクトラム（アスペルガー症候群）の特徴がうかがえましたが、一方で本人の口調や様子があまりにも〝多数派〟のように見え、仕事に就いていた時期があったり、家庭を持っていたりするなど社会への適応力もあったからです。

ひょっとすると、本人が発達障害のことを勉強したために、だれでも多少は持っている得意・不得意を発達障害の特徴に当てはめすぎて「自分もそうなのでは」と思ってしまった、という可能性も考えられました。しかし、その後の心理検査や詳しい診察から兼田さんに自閉症スペクトラムがあるのはほぼ間違いないと判断し、そのように本人にお伝えしました。

兼田さんがいかにも多数派のように見えたのは、おそらく長年の経験から多数派の言葉やルールを少数派のものに〝通訳〟する達人になっており、一見多数派の人と区別がつかないような振る舞いができるようになっていたためなのだと思われます。

兼田さんが子どもだった頃には、まだ自閉症スペクトラム障害のことが広く知られていませんでしたから、このような〝通訳〟能力を獲得された背景には、多数派の中でのつらい試行錯誤の連続があっただろうと想像します。たとえていうなら、幕末の時期に土佐の海から漂流し、言葉も文化も違うアメリカで試行錯誤しながら英語や習慣を身につけたジョン万次郎のようなものでしょうか。

ジョン万次郎は日本に戻ってから英語の能力を買われて通訳として活躍しましたが、兼田さんもご本人や息子さんの診断がついてから、この貴重な〝通訳〟能力を2人の息子さんの子育てにフル活用されたのです。この本には、ご自身の半生とともに、少数派である息子さんたちが多数派の子どもたちの中で育っていくための工夫あふれる子育ての様子がありありと描かれています。

近年自閉症スペクトラムについて知識が広まってきていますが、実際には医療の現場でも少数派の人との接し方はまだ半分手探りで進められているのが現状です。私自身、兼田さんの治療経験を通して多くのことを学びました。自閉症スペクトラムの子どもには早期からの介入が大切だといわれますが、その点、兼田さんが息子さんたちに行っていることは、一つの模範的な例になるでしょう。この本は、少数派の方、そのご家族、医療関係者、教育関係者、少数派のことを知りたいと思っている人にとって貴重な記録です。

読んでいただくとおわかりのように、兼田さんはたいへんな愛情をもって子育てをされています。その一方で、「もし自分が幼い頃にこういった子育ての方法があったらあんなにつらい体験をしないですんだのに」という思いを診察室ではポロリと口にされることもありました。兼田さんは、決して過去のつらい体験にしがみつくというタイプではありません。むしろつらいこともできれば笑って乗り越えようとするタイプです。そんな兼田さんでもこんな言葉を漏らすのですから、早期介入をされずに、少数派の特徴を「甘えだ」「常識がない」とされて育つことは、それほどまでにつらい体験だったのだと思います。

そんな体験を、このような素晴らしい本に著すということで意味あるものにされた兼田さんに、拍手を送りたいと思います。

自閉症スペクトラムを理解する本

『あなたがあなたであるために
——自分らしく生きるためのアスペルガー症候群ガイド』
(吉田友子、中央法規出版)

『アスペルガー症候群・自閉症のあなたへ
——自分のことを知り、もっと好きになるために』
(東條恵、考古堂書店)

『あなた自身のいのちを生きて
——アスペルガー症候群・高機能自閉症・広汎性発達障害への理解』
(グニラ・ガーランド著、中川弥生訳、クリエイツかもがわ)

『お母さんと先生が書くソーシャルストーリー
——新しい判定基準とガイドライン』
(キャロル・グレイ著・服巻智子訳・解説、クリエイツかもがわ)

『発達障害のこどもたち』
(杉山登志郎、講談社)

『ギフテッド　天才の育て方』
(杉山登志郎・岡南・小倉正義、学研教育出版)

『授業を楽しく支援する　教えてみよう算数』
(小笠毅、日本評論社)

『光とともに…自閉症児を抱えて』①〜⑮
(戸部けいこ、秋田書店)

『学校生活じぶん防衛軍——〈学校・友達・家族・自分〉サバイバル術』
(宮田雄吾、情報センター出版局)

『子どものための自分の気持ちが〈言える〉技術
——小さいうちに身につければ、一生困らない!』
(平木典子、PHP研究所)

『新版　親子で育てる「じぶん表現力」』
(JAMネットワーク、主婦の友社)

■著者紹介

兼田《かねた》 絢未《あやみ》（ペンネーム）

1968年、広島市生まれ。

子どものころから周囲との違和感に戸惑いながら、何とか生きのびてきたが、ストレスからうつ状態になり37歳で受診、アスペルガー症候群の診断を受ける。その後、長男と次男もアスペルガー症候群と診断された。

診断の結果、長年の謎が解け、試行錯誤しながらも息子たちが幸せな少数派に成長するように純粋培養中。過集中とバッテリー切れを繰り返す母を優しく見守る（ホントはあきれている）息子たちに支えられ、明るく楽しく前向きをモットーにアスペルガー的こだわり生活の充実計画を実行中。

親子アスペルガー
ちょっと脳のタイプが違います

2011年3月5日 第1刷発行
2016年2月15日 第5刷発行

著　者　兼田絢未

発行者　上野良治

発行所　合同出版株式会社
東京都千代田区神田神保町1-44
郵便番号　101-0051
電話 03（3294）3506　FAX 03（3294）3509
URL http://www.godo-shuppan.co.jp
振替 00180-9-65422

印刷・製本　株式会社シナノ

■刊行図書リストを無料送呈いたします。
■落丁乱丁の際はお取り換えいたします。

ISBN978-4-7726-1002-5 NDC378 210×148 ©Kaneta Ayami , 2011